# TRANSMISSÃO

## UMA MEDITAÇÃO PARA A NOVA ERA

**BENJAMIN CREME**

Tradução: Thiago Staibano Alves

Fundação Share International
Amsterdã• Londres

Transmission: A Meditation for the New Age
Direitos Autorais © 2017 Benjamin Creme, Londres
Publicado pela Fundação Share International
Todos os direitos reservados
Primeira impressão em inglês em 1983

ISBN-13: 978-94-91732-06-5

Feito nos Estados Unidos em papel reciclado.

Primeira impressão em português em 2017

*A imagem na capa foi reproduzida de uma pintura de Benjamin Creme:* **OM Ofuscando a Terra.**

## RECONHECIMENTOS

Como sempre com os meus livros, este livro é um produto do trabalho grupal. Eu estou em dívida, neste caso, para com a contribuição de um número de colegas, particularmente na Área da Baía de São Francisco. Ele incorpora material de palestras, seminários, workshops e escritos dos últimos 23 anos. Esta, a quinta, é uma edição expandida, e inclui várias perguntas e respostas que apareceram na revista *Share International* desde a publicação da quarta edição.

Pode ser interessante notar que, através da inspiração de meu Mestre, nosso conhecimento da, e compreensão sobre o propósito fundamental da Meditação de Transmissão, se expandiu e aprofundou consideravelmente desde a primeira edição publicada em Março de 1983.

BENJAMIN CREME
*Londres, Março de 2006*

## NOTA DO EDITOR

A quantidade de informação apresentada neste livro gradualmente aumentou durante os últimos 23 anos. A primeira edição do livro, publicada em Março de 1983, tinha 80 páginas. O presente volume, sua quinta edição, contém mais do que o dobro deste número.

A primeira edição continha informação derivada somente das palestras públicas de Benjamin Creme sobre Meditação de Transmissão, feitas nos Estados Unidos no outono de 1982. Já que mais perguntas foram respondidas e publicadas subseqüentemente na revista *Share International*, elas foram adicionadas ao livro a cada nova impressão.

Conforme mais material se tornou disponível pelos anos, novos capítulos foram criados. Nas conferências de Meditação de Transmissão feitas nos Estados Unidos e Holanda em 1987, Benjamin Creme apresentou uma palestra sobre "O Papel da Meditação de Transmissão no Desenvolvimento do Discípulo", e revelou mais informação—incluindo o principal propósito do trabalho de Transmissão. A palestra e perguntas de Creme dessas conferências foram adicionadas à quarta edição do livro como o Capítulo 10.

A palestra principal de Creme nas conferências de Meditação de Transmissão em 1990 se focaram em "Discipulado e Prática", e incluem seus (e de seu Mestre) comentários quanto a própria prática da Transmissão por discípulos durante os últimos 10 anos. Discussões profundas se seguiram sobre como se manter o alinhamento entre o cérebro físico e a alma, e melhorar a qualidade do trabalho de Transmissão. O material dessas discussões foi adicionado à quarta edição como o Capítulo 9, "Mantendo o Alinhamento". Embora algumas perguntas neste capítulo coincidam com aquelas em outras partes do livro, a informação pode ter sido expandida, ou abordada de uma perspectiva levemente diferente, e portanto, pode ser útil ao leitor.

A presente quinta edição contém mais algumas perguntas sobre a Meditação de Transmissão que apareceram na revista *Share International* desde a publicação da quarta edição em 1998. Para a conveniência dos leitores que já têm a quarta edição, as novas perguntas adicionadas estão indicadas por asteriscos no final de cada pergunta na Tabela de Conteúdos.

# TABELA DE CONTEÚDOS

PREFÁCIO..................................................................................1

I. INTRODUÇÃO:
O QUE É A MEDITAÇÃO DE TRANSMISSÃO?......................13
   Yoga da Nova Era..................................................................19
   Definição de Termos.............................................................21
   Significado de "Nova Era" ou vindoura "Era de Aquário"......21
   "Energia"................................................................................22
   "Chakras"...............................................................................22
   Relação entre Espírito, alma, e a pessoa física......................23

II. A GRANDE INVOCAÇÃO...................................................25
   Falando a Grande Invocação — Visualização........................25
   Natureza das cores vistas......................................................25
   De onde veio a visualização?.................................................27
   Deus em termos de Seus Representantes, o Buda e o
      Cristo................................................................................28
   "Que o Cristo retorne à Terra"...............................................30
   "Guie o propósito as pequenas vontades dos homens".......31
   "E mure-se a porta onde mora o mal"..................................31
   O que é o Plano?....................................................................32
   O Plano já se manifestou na Terra?......................................33
   Por que nós devemos visualizar uma mesa em forma
      de Y invertido..................................................................34
   As palavras devem ser mudadas?.........................................35
   Ela deve ser dita no começo ou no final da meditação?......36
   Nós podemos usá-la como uma oração interna?.................36
   Há uma forma correta de se falar a Grande Invocação?......36
   Grupos já estabelecidos ainda precisam falar a Grande
      Invocação?......................................................................36

III. FORMANDO UM GRUPO DE MEDITAÇÃO DE
TRANMISSÃO..........................................................................38
   Pré-requisitos para fazer a Meditação de Transmissão.......38
   Como conduzir uma Meditação de Transmissão..................39
   Alinhando o cérebro físico com a alma.................................41

Alguma respiração especial durante a Transmissão?...........42
A Transmissão está funcionando, nós a sentindo ou não?........42
O OM dito internamente e em voz alta................................42
Os planos — físico, astral e mental..................................42
Não é perigoso falar o OM continuamente?...........................44
Uso da "Sagrada Presença" no coração...............................44
Uso de mantras....................................................44
É perigoso para crianças falarem o OM?.............................45
Perigo em se transmitir energias? Para crianças? Para
  mulheres grávidas..............................................45
Influencia da Meditação de Transmissão em animais................46
Trabalho de Transmissão e estabilidade mental....................46
Condição bi-polar e Meditação de Transmissão.....................47
Quem é apto para o trabalho de Transmissão?......................47
Nós podemos fazer o Trabalho de transmissão
  independente de nossa crença?...................................48
Reiki e Meditação de Transmissão.................................48
Mantras Budistas e Meditação de Transmissão......................48
Relação da Transmissão com a prática Zen.........................48
Se nossos chakras não estiverem abertos, nós ainda
  podemos transmitir?.............................................49
Humores ou estados mentais não positivos
  para a Transmissão..............................................49
Qual é a importância de reunir-se fisicamente
  para transmitir?................................................50
Membros podem "se ligar" no grupo mentalmente?...................51
Nós podemos formar um grupo com duas pessoas?....................51
Quanto mais pessoas no grupo, melhor a Transmissão?..............52
Diretrizes para se deixar pessoas entrarem no grupo..............53
Meditação de Transmissão e livre arbítrio........................54
Admissão em grupos de Meditação de Transmissão...................54
Uma pessoa deve guiar a meditação?...............................55
Por quanto tempo transmitir......................................55
Nós precisamos de três pessoas para continuar?...................57
Ritmo recomendado para a Meditação de Transmissão................57
Nós podemos transmitir em um estado de sonho?....................58
Nós podemos transmitir deitados?.................................58
Nós devemos transmitir apenas de noite?..........................58
Nós devemos usar um sino para reforçar a atenção?................59
Mudança de local?................................................59
Nós podemos fazer uma pausa durante a Transmissão?...........60

Nós devemos informar ao Mestre se um novo grupo
foi formado?..................................................................................60
Queimar incenso durante a Transmissão?........................60
Indo à Transmissão com um resfriado ou gripe?............60
Roncando durante a Transmissão.....................................61

## IV. EXPERIÊNCIAS DURANTE A TRANSMISSÃO...................62

Sensações físicas..................................................................62
Por que eu não me sinto elevado depois da Meditação
de Transmissão?...............................................................63
Algumas vezes as energias parecem mais poderosas e
outras vezes não: por que?.............................................64
Sete raios...............................................................................64
Vendo cores durante a Transmissão.................................67
Por que as energias parecem diferentes em noites
diferentes?........................................................................67
O que nos faz tossir?............................................................68
Causas de bloqueio em um centro de energia................68
Natureza e localização do centro ajna..............................69
Reconhecendo a vibração: energias da Transmissão,
alma, Mestre....................................................................71
O processo de pensamento para imediatamente
durante a transmissão?..................................................72
Nossos pensamentos afetam o alinhamento?................72
Pensamentos negativos colorem a Transmissão de
energias?..........................................................................73
Há um perigo em se transmitir por longas horas?.........73
Perigo de se meditar com uma mente em branco.........74
Experienciando emoções durante a Transmissão.........75
Dormindo..............................................................................76
Estado auto-hipnótico........................................................76
Visões psíquicas e mensagens..........................................76
Contato com "entidades"...................................................77
A Transmissão aumenta a intuição?.................................77
Concentração no centro ajna não é perigoso?...............78
O centro ajna está relacionado com o terceiro olho?....78
Por que eu não consigo dormir depois da Transmissão?........79

## V. MELHORANDO A TRANSMISSÃO?..................................................81
Como se tornar um transmissor melhor..............................81
Os Mestres oferecem "graça"?.............................................82
Auto-obervação, consciência e estado de alerta no
   trabalho de Transmissão....................................................82
Arranjo de assentos durante a Transmissão......................83
O instrumento do tetraedro VS a pirâmide........................84
Quanto o tetraedro melhora a Transmissão?.....................84
Vale a pena para o grupo conseguir um tetraedro?...........85
Orientação do tetraedro.......................................................88
Ofuscamento do grupo da parte de Maitreya.....................88
As bênçãos nos transformam mesmo que nós
   estejamos dormindo?..........................................................89
Transferência de vibração ao se dar as mãos....................92
Um ofuscamento pode acontecer durante uma
   Transmissão comum?.........................................................93
O que nós devemos fazer durante o ofuscamento?...........93
Energias ofuscantes podem ser magnetizadas em fita?....96
Efeito em crianças do ofuscamento por Maitreya nas
   palestras de Creme..............................................................96
Efeito do cigarro, álcool ou drogas......................................97
Efeito da dieta........................................................................98
Comendo antes da Transmissão..........................................99

## VI. A NATUREZA DA MEDITAÇÃO DE TRANSMISSÃO............100
De onde as energias da Transmissão vêm e de que
   tipo elas são?.....................................................................100
Energias do Avatar da Síntese, o Espírito da Paz, o Buda.......102
Os Irmãos Espaciais estão envolvidos na Transmissão
   de energias?......................................................................102
O que é o "Verdadeiro Espírito do Cristo"?......................103
Que energias são liberadas durante o ofuscamento?.....104
O que a Hierarquia faz com as energias?.........................105
Como reconhecer energias ruins......................................106
Nós estamos dando ou recebendo energia no trabalho
   de Transmissão?...............................................................107
Através de quais chakras as energias entram e saem?......108
Kundalini e Transmissão....................................................109
Natureza da kundalini........................................................109
Efeitos individuais positivos da Transmissão..................110

Conforme você muda pelo trabalho de Transmissão,
  o ambiente muda também?...................................................111
A Transmissão é acelerada em centros energéticos?..............112
Diferença entre Transmissão de energias e energias
  Curativas...............................................................................112
Método para se enviar pensamentos de cura.........................113
"Mantendo a mente firme na luz"..............................................113
Construindo o antahkarana.........................................................116
A Meditação de Transmissão pode superar formas de
  pensamento?........................................................................116
O trabalho dos Triângulos e o trabalho de Transmissão........117
A Grande Invocação e o trabalho dos Triângulos....................118
Trabalho de Transmissão mais potente do que outras
  Meditações............................................................................119
Estudando com outros gurus de meditação enquanto
  se está fazendo o trabalho de Transmissão....................119
A Meditação de Transmissão interfere com outras
  práticas?................................................................................120
Trabalho de Transmissão e outras atividades do grupo.........120
Meditação Transcendental e Meditação de Transmissão.......121
Os grupos de Meditação Transcendental e Zen
  transmitem?..........................................................................122
Kryia Yoga e Meditação de Transmissão..................................123
Um "bom caráter" é necessário para fazer a meditação?........123
Meditação Transcendental — algumas perguntas...................124
Meditação grupal pode transformar uma situação de
  guerra?...................................................................................125
Meditação de Transmissão pode ser praticada como
  uma meditação pessoal?.....................................................125
Relação entre Meditação de Transmissão e meditação
  Pessoal...................................................................................126
Fazendo a meditação pessoal durante a Transmissão?..........126
Encontros de oração, uma forma de transmissão?..................126
Oração, meditação e Transmissão............................................126
As energias transmitidas através dos serviços da Igreja
  Católica Liberal....................................................................128
O que se deve fazer para impedir que entidades
  direcionem as energias para onde elas quiserem?..........129
Sai Baba, o Avatar, e o Espírito da Paz podem ser
  invocados?............................................................................129
Quanto da transmissão de energia está funcionando?...........130

A importância do trabalho de Transmissão agora
   e no futuro..................................................................................132
Por que outros Instrutores não falam da Meditação de
   Transmissão?.................................................................132
A Meditação de Transmissão deveria ser ensinada
   nas escolas?...................................................................133

## VII. PSIQUISMO SUPERIOR E INFERIOR.................................134
Como as energias dos Mestres são diferentes da
   energia psíquica?..........................................................134
Um espírito guia é a mesma coisa que um Mestre?................134
Nós podemos ver os Mestres através do terceiro-olho
   durante a Transmissão?...............................................135
Como distinguir uma orientação de alto-nível....................135
Psiquismo superior e inferior.................................................136
As mensagens através de médiuns são válidas?...................137
"Entidades" estão dando sugestões na Transmissão?..........138
"Entidades" podem influenciar as energias?.........................138
Diferença entre mediunidade e o trabalho
   de Alice Bailey...............................................................138
Diferença entre telepatia comum e telepatia mental
   Superior.........................................................................139
Ofuscamento dos Mestres VS possessão demoníaca............140
Como reconhecer as "forças das trevas".................................142
Medo das "forças negras".......................................................142
Ataque psíquico durante a meditação....................................142
A vibração negativa de outras pessoas pode me
   deixar doente?..............................................................143
Os Mestres estão nos protegendo durante a Meditação
   de Transmissão?...........................................................144
Efeitos do sons em nível alto sobre o corpo etérico..............144
Imaginação e verdadeiro conhecimento interior..................144

## VIII. ALMA, MEDITAÇÃO E SERVIÇO......................................147
Usando a energia da alma no serviço.....................................147
O trabalho de Transmissão nos leva à Hierarquia?...............148
A Transmissão é o suficiente para levar ao controle
   emocional?....................................................................150
A Transmissão é o suficiente para o serviço?.......................150

Ficando positivo na presente tensão mundial...........................151
Diferença entre super-sensibilidade ao sofrimento
    humano e desapego espiritual...................................................151
Importância do trabalho grupal e o efeito da
    Transmissão no trabalho grupal.............................................152
Organizando as prioridades em nosso trabalho............................154
Qual é o melhor tipo de meditação para a Nova Era?...............155
Maitreya dará novas técnicas de meditação?...............................155
"Imposição das mãos" e o alinhamento dos chakras...................156
Como se obter poderes curativos......................................................156
Como se livrar de negatividades.......................................................156
Por que as pessoas espontaneamente assumem
    posições de "mudras" durante a meditação?............................157
Os mudras são bons na Meditação de Transmissão?.................158
O valor da meditação sobre ícones..................................................158
Como se pode remover o "véu da ignorância"?..........................158
O que "shanti" quer dizer?................................................................158
Meditação e atividades das manchas solares..............................159
Nós recebemos energias benéficas das estrelas?.......................159

## IX. MANTENDO O ALINHAMENTO...............................................161

Discipulado e Práctica........................................................................161
Alinhamento da Alma.........................................................................165
Nós estamos servindo através da Meditação de
    Transmissão se nós não estamos alinhados?..........................165
Como alguém pode saber o que é verdadeiro
    alinhamento?................................................................................167
Como nós sabemos que nós estamos alinhados?......................169
Existem regras básicas para o alinhamento?.............................171
Nós devemos prestar atenção às energias no
    plano físico?..................................................................................172
Sentindo o centro ajna.......................................................................173
Consciência do alinhamento............................................................173
Sensibilidade ao corpo estérico......................................................174
A consciência dos chakras é necessária para uma
    adequada Transmissão?.............................................................174
Contemplação VS foco no centro ajna...........................................175
Atividade mental durante a Transmissão.....................................176
Como lidar com o desconforto físico durante a
    Transmissão..................................................................................177

Interromper a Transmissão ajudará no alinhamento?............177
Visualizações durante a Transmissão...............................178
Diferença de sensação entre o centro ajna
   e o plexo solar.............................................................178
Virando os olhos para cima............................................179
Evitando a tensão nos olhos ao se virar os olhos
   para cima....................................................................179
Está certo meditar com os olhos abertos?.....................180
Imagens tradicionais vistas no centro ajna....................180
Mantendo a atenção elevada..............................................181
   Necessidade de se aprender a trabalhar do centro ajna.........181
   Mantendo a atenção no centro ajna durante o dia................182
   Se pessoas em um grupo estão alinhadas em tempos
      diferentes, há em algum momento um triângulo?...............182
   Funciona fazer a Transmissão sozinho?.......................183
   Mais difícil manter a atenção no centro da coroa............183
   Considerações de segurança para se manter a atenção
      no centro da coroa....................................................183
Pensando no "OM" durante a Meditação de Transmissão...........183
   O que significa "pensar no OM" durante a Transmissão?........183
   Conexão do OM interno com o ofuscamento?....................184
   Concentração e respiração................................................185
   OM e a respiração.........................................................185
   Você envia o OM para o ambiente?..................................185
Respiração e Pensamento.....................................................186
   Diminuindo a respiração.................................................186
   Qual é a fonte do pensamento e da respiração?..................187
Meditação de Transmissão e Trabalho do Reaparecimento........188
   A Meditação de Transmissão é uma prioridade no
      trabalho do Reaparecimento?......................................188
   Grupos de estudo esotérico possuem algum valor?.............190
   Qual foi o propósito de se anunciar a idéia do Dia
      da Declaração?.........................................................190
   Benefício da Meditação de Transmissão depois do dia
      da Declaração..........................................................191
   Papel dos grupos de Transmissão depois do Dia
      da Declaração..........................................................192

## X. O PAPEL DA MEDITAÇÃO DE TRANSMISSÃO NO DESSENVOLVIMENTO DO DISCÍPULO — SEU PAPEL SUBJACENTE..............193

Processo evolucionário do ponto de vista do discípulo...........209
Karma Yoga e Laya Yoga..............213
Tomando nossa evolução em nossas próprias mãos..............215
Como a energia da alma se demonstra no corpo físico se ela não é adequadamente utilizada?..............216
Como a Transmissão ajuda a levar à polarização mental?..............218
Tempo médio entre a primeira e segunda iniciações, uma vez que a Meditação de Transmissão se torna uma norma..............219
Formação da alma do grupo e a segunda iniciação..............220
Necessidade de grupos menores se ligarem..............222
Número mínimo de pessoas para formar a alma de um grupo..............222
Disciplina e discipulado..............222
Por que a promessa da segunda iniciação foi dada?..............223
Por que não existem mais iniciados de segundo e terceiro grau no trabalho de Transmissão?..............224
Porta da iniciação..............226
Nós não somos todos um Grupo de Transmissão com um todo?..............227

**A GRANDE INVOCAÇÃO**..............229

**A ORAÇÃO PARA A NOVA ERA**..............230

**LIVROS DE BENJAMIN CREME**..............231

**SHARE INTERNATIONAL**..............245

**SOBRE O AUTOR**..............247

# PREFÁCIO

MUITAS PESSOAS me pediram para relatar algo dos passos que me levaram à este trabalho que eu estou fazendo agora. Não será um relato completo: existem leis não escritas de reserva em alguns aspectos da relação Mestre-discípulo; mas seja lá para qual interesse possa ter, e na esperança de que possa tornar mais real e crível o fato dos Mestres e o fato do retorno do Cristo como cabeça Deles, eu escrevo o seguinte:

Como uma criança de quatro ou cinco anos, um dos meus passatempos favoritos era o de me sentar em frente a janela e ver o vento; não o efeito do vento na árvores ou folhas, mas o vento em si. Eu via os movimentos do ar e tentava adivinhar se era um vento norte, sul, leste ou oeste soprando. Quando eu fui para a escola, eu aprendi que o ar era invisível, assim como o vento, e perdi minha habilidade de ver, o que é lógico, era algum nível dos planos etéricos da matéria.

Acima do denso-físico – sólido, líquido e gasoso – estão quatro planos de matéria ainda mais sutil, que constituem o invólucro etérico deste planeta, e dos quais os planos físico-densos são uma precipitação. Só foi depois de cerca de 20 anos, através da construção e uso do acumulador de orgone de Wilhelm Reich, que eu novamente me tornei consciente deste oceano de energia do qual nós mesmos somos uma parte, e provei à mim mesmo conclusivamente a existência dos planos etéricos.

Eu me tornei consciente e extremamente sensível às correntes de energia; tanto que eu eventualmente podia dizer quando uma bomba atômica tinha sido explodida no Pacífico ou em outro lugar no mundo. Por esses milhares de milhas, eu registrava a mudança nas correntes etéricas causada pelas explosões. Inevitavelmente, um dia ou dois mais tarde, vinha a notícia de que a América, Rússia ou a Grã-

Bretanha tinham testado um "dispositivo" de tal e tal tamanho...

Eu li, entre outros, os trabalhos Teosóficos de H.P.Blavatsky e Leadbeater; Gurdjieff, Ouspensky e Nicoll; Paul Brunton, Patanjali, os ensinamentos de Alice Bailey e da Agni Yoga; Swamis Vivekananda, Sivananda, Yogananda; Sri Ramana Maharshi, cujo Caminho do Auto-Conhecimento eu procurei seguir. Através de sua meditação sobre "Quem sou Eu?" (e, agora eu sei, através da Graça do meu Mestre), eu me vi precipitado em um sentimento de identidade com todo o mundo fenomênico: a terra, o céu, as casas e pessoas, as árvores, pássaros e nuvens, eu vi como sendo eu mesmo. Eu desapareci como um ser separado, mesmo assim mantendo total consciência, uma consciência expandida a ponto de incluir tudo. Eu vi que esta era a verdadeira Realidade, que o estado acordado normal simplesmente encobre isso, mantém isso oculto, através da errada identificação de nós mesmos como este corpo. Eu também vi este mundo fenomênico como um tipo de ritual, um jogo de sombras ritualizado, sendo um sonho ou desejo Daquilo que existia, daquilo que era o Real, que também era eu...

No final de 1958, foi me dito por um discípulo amigo que tinha a "conexão", que eu estava recebendo "mensagens". Isto me surpreendeu, e eu não tinha noção de que era verdade. Foi me dito que as mensagens "ricocheteavam" em mim, mas que seu fizesse tal e tal, em tempo, eu as receberia corretamente.

Eu devo ter feito a coisa certa, porque uma noite, no começo de Janeiro de 1959, tão claramente que não havia erro, eu ouvi internamente a instrução: Vá para tal e tal (um lugar em Londres) em tal e tal data e horário, cerca daqui três semanas. Na noite, haviam pessoas esperando lá para me encontrar.

Este foi o começo de um fluxo de mensagens que veio em momentos de encontro. Algumas, aparentemente eu perdi (era me dito mais tarde quando eu perdia uma) e então eu fiquei com tanto medo de perdê-las, que eu comecei a dá-las, eu mesmo, à mim. Eu me enviei para vários pontos de encontro onda nada acontecia e ninguém ia, mas gradualmente eu me acalmei; eu não as perdi e parei de criá-las.

Foi me dito para pegar um gravador de fita e recebi vários longos ditados de vários tipos. Alguns continham conselho, orientação ou instrução espiritual. Não foi me dito a identidade do Mestre (ou Mestres) Que falava, telepaticamente comigo, e eu acho que eu estava tímido de mais para perguntar, embora foi me dito que eu podia fazer perguntas. Só foi apenas anos mais tarde que eu aprendi o Seu nome, e também que isso seria dito à mim se eu tivesse perguntado há muito tempo.

Uma noite, no começo de 1959, durante tal transmissão, foi me dito para desligar o gravador de fita. Então, seguiu um discurso sobre o Seu Reaparecimento, de Maitreya, o Cristo, Cabeça de nossa Hierarquia Planetária. Ele disse também que eu teria uma parte no Plano. Naquele momento, eu acreditava que o Instrutor do Mundo viria de um dos planetas mais elevados, provavelmente de Vênus, e esta informação de Maitreya causou um completo transtorno em meu pensamento. Em uma transmissão logo depois deste evento, meu Mestre, referindo-se a esta nova informação, adicionou: **"O momento chegou quando de você será esperado a agir em relação a isso."** E em outra: **"Afirme a Sua vinda!"**

Eu não posso dizer que eu tomei estas exortações de coração e que é por isso que eu estou engajado neste trabalho de preparação para o Cristo. Sobre instrução, eu deixei de lado essas fitas por dezessete anos, e eu receio dizer que precisei de um empurrão bem forte do Mestre para me lançar neste trabalho.

Em direção ao fim de 1972, quando eu estava bem entediado e menos esperando, aquele Sábio e Astuto o Qual eu tenho o privilégio de chamar Mestre, tomou a dianteira. Ele me tomou pela mão, e me sujeitou ao mais intensivo período de desglamourização, perda de ilusão, treinamento e preparação. Por meses nós trabalhamos juntos, 20 horas por dia, aprofundando e fortalecendo a ligação telepática até que ela fosse bidirecional com igual facilidade, necessitando do mínimo de Sua atenção e energia. Ele forjou neste período um instrumento através do qual Ele podia trabalhar, e que seria sensível à Sua mais leve impressão (é lógico, com minha total cooperação e sem o menor infringimento do meu livre arbítrio). Tudo que eu vejo e ouço, Ele vê e ouve. Quando Ele deseja, uma olhada minha pode ser uma olhada Dele; meu toque, o Seu. Então, com o mínimo de gasto de energia, Ele tem uma janela no mundo, um posto avançado para Sua consciência; Ele pode curar e ensinar. Ele mesmo permanece, em um corpo físico completo, milhares de milhas de distância. Eu não estou sugerindo que sou Sua única "janela para o mundo". Eu não sei o quão raro isso é, mas eu tenho certeza que isto não é único. Isso constitui um estágio definido na relação Mestre-discípulo. Ele me pediu para não revelar Sua identidade por enquanto, nem mesmo para os membros do grupo com o qual eu trabalho, e através do qual Ele trabalha. Eu sei de duas razões (podem existir outras) para Sua solicitação, e as respeito, mas eu posso dizer que Ele é um dos Membros Mais Elevados da Hierarquia, um Mestre da Sabedoria, Cujo nome é bem conhecido para esoteristas no Ocidente. Sua inspiração elevou tremendamente o poder conceitual e a intensidade das minhas pinturas...

Em Março de 1974, Ele me deu uma lista de 14 nomes de pessoas para convidar para uma palestra em minha casa sobre "meditação e assuntos correlatos". Todas elas vieram. Eu falei sobre a Hierarquia de Mestres, sobre meditação, e seu papel em levar ao contato com a alma. Sobre instrução, eu apresentei à elas a seguinte oferta: eu as convidei para fazerem parte de um grupo no qual suas meditações ocultistas iriam prosseguir sobre a orientação de um Mestre da Sabedoria, em troca do qual elas agiriam como transmissoras das energias Hierárquicas, assim formando um grupo de ligação entre a Hierarquia e os discípulos em campo.

O Mestre organizou uma curta transmissão para mostrar à elas o que estava envolvido. Doze das 14 concordaram, duas delas sentindo que não estavam prontas para este tipo de trabalho.

O grupo foi formado em Março de 1974 para canalizar as energias espirituais. Nós nos encontrávamos duas vezes por semana, inicialmente por cerca de uma hora e meia a duas horas. A questão de um nome para o grupo surgiu, mas a instrução do Mestre era, e ainda é, que nenhum nome deve ser usado; nenhuma organização construída; nenhum administrador nomeado; nenhuma cerca erguida ao redor de nós mesmos e nossas idéias; o máximo de abertura mantido.

Ao mesmo tempo, o Mestre me deu o esquema para a construção de um instrumento transmissor/transformador que nós usamos neste trabalho, e que eu também uso para curar. É um tetraedro em forma, e é baseado no princípio de que certas formas têm propriedades energéticas inerentes.

Um grande estudo está sendo feito hoje sobre a natureza e propriedades energéticas da pirâmide. A Grande Pirâmide em Gizé é na verdade um instrumento Atlante, baseado no poder da forma. O objetivo do homem Atlante era o de aperfeiçoar o veículo, ou corpo, astral-emocional. Apenas sendo da forma que é, a pirâmide, quando alinhada com os pólos norte e sul, atrai energia dos planos etéricos e astral. Elas foram transmitidas para o benefício da população da grande cidade que está enterrada abaixo das areias, ao redor da Pirâmide e da Esfinge.

O objetivo de nossa presente, quinta, raça raiz, a Ariana, é o de aperfeiçoar o veículo mental. Quando alinhado norte-sul, o Tetraedro automaticamente atrai para si e transmite energia dos planos mentais. Este princípio está por trás do nosso uso do instrumento. A instrumentação – cristal de quartzo, imãs, discos de ouro e prata e fios – foca e potencializa todas as energias canalizadas através de nós pela Hierarquia; a própria forma as transforma abaixo para os planos mentais inferiores, onde elas podem ser mais prontamente absorvidas por muitas pessoas. Sem este trabalho de transformação que o instrumento leva adiante, as energias Hierárquicas, saindo como elas saem em sua maioria do nível búdico (o nível da Intuição Espiritual), iriam "ricochetear" nas massas de pessoas, e seus efeitos seriam limitados. Isso está por trás da necessidade da parte da Hierarquia por grupos de transmissão, usando alguma forma de meditação ou oração.

Sobre a instrução do Mestre, eu construí também uma Bateria de Energia Espiritual que pode ser colocada no transmissor. Até agora nós a utilizamos apenas uma vez, para demonstrar, eu acredito, o princípio.

O pessoal do grupo mudou muitas vezes, apenas quatro do grupo original restaram. Seu número cresceu e caiu, mas sempre pareceu se estabilizar em cerca de 12 membros totalmente ativos, com muitos participantes menos ativos ou regulares, e com muitos grupos ramificados, tanto aqui como no exterior.

Hoje em dia, nós nos encontramos regularmente três vezes semanalmente para transmitir as energias da Hierarquia em algo em torno de quatro a sete ou oito horas até o fim. Apenas as pessoas mais dedicadas e comprometidas, é lógico, podem manter esta intensidade de ritmo, então, os números são, necessariamente, mantidos baixos. Além, nós temos um encontro regular público semanal na Friends Meeting House, Rua Euston, Londres, no qual a audiência é convidada a tomar parte na transmissão de energias que são enviadas.

Em Junho de 1974, começou uma série de ofuscamentos e mensagens transmitidas por Maitreya, nos inspirando, e mantendo-nos informados do progresso de Sua exteriorização. Nós fomos privilegiados também por nos tornarmos conscientes da gradual criação e aperfeiçoamento do Seu corpo de manifestação – o mayavirupa. No período de Março de 1976 até Setembro de 1977, estas comunicações da parte de Maitreya se tornaram de fato muito freqüentes.

Durante o primeiro ano de vida do grupo, nós realizávamos um encontro aberto em cada lua cheia, onde amigos interessados dos membros podiam se unir à transmissão. Nestes encontros da lua cheia, eu dava uma palestra curta, normalmente sobre o Reaparecimento do Cristo e a Hierarquia dos Mestres ou, em ocasiões, sobre o significado, de um ponto de vista esotérico astrológico, das energias particulares da lua-cheia.

Próximo do fim de 1974, o Mestre disse várias vezes: "Você sabe que você deve levar tudo isso à público. É de pouca utilidade dar esta informação para apenas as aproximadamente 20 pessoas que estão aqui." A pantomima começou: Eu me queixava, defendendo não ter que "ir à público". Ele me assegurava que Ele estava apenas brincando: "Eu tenho outros planos para você", Ele dizia, e eu relaxava novamente. Mas em Janeiro de 1975, Ele finalmente disse: "Eu estou falando sério. Dê esta informação (Ele tinha me ditado uma massa de informação como sobre o Plano iria prosseguir) para os grupos, de todos os planos de fundo e ensinamentos. Diga à eles o que você sabe. A esperança é de que das mentes mais focadas do grupo sairá uma ação telepática combinada com o público geral, de forma que quando você for à eles, eles já estarão de alguma forma preparados."

Eu não gostei disso. Eu não gostei disso de forma alguma. Eu gostava do que eu estava fazendo. Eu gostava de trabalhar de forma tranqüila, esotericamente, sabendo que eu estava fazendo algo útil, mas nem muito esforçado, nem fazendo grandes demandas psicológicas sobre mim. Eu não fiz nada quanto aos grupos até que vários empurrões firmes do Mestre finalmente fizeram-me movimentar-me. Em Março ou Abril, eu escrevi esperançosamente para cerca de 40 grupos trabalhando em linhas espirituais, oferecendo meus serviços como um palestrante sobre "O Reaparecimento do Cristo e os Mestres da Sabedoria". A resposta, não surpreendente, pois eu era bem desconhecido, não foi de forma alguma animadora. Eu tive, eu acho, cerca de seis ou sete respostas. Três desses grupos estavam interessados em saber mais – todos novos grupos administrados por pessoas jovens – Centre House, Gentle Ghost e a Franklin School, e eu dei uma palestra em cada um, primeiro na Centre House, em 30 de Maio de 1975.

Eu estava muito nervoso. Embora eu conhecesse meu material, eu não o tinha em nenhuma forma de ordem. O Mestre, em Sua bondade, ditou para mim uma lista de tópicos nos quais eu poderia dar uma olhada, e na verdade, me ofuscou tanto através da palestra que Ele praticamente a deu. Bem antes do fim, eu fui repentinamente ofuscado pelo Próprio Maitreya, meu coração derreteu, e eu tive a maior dificuldade para manter minha voz firme. As seguintes palavras foram postas na minha mente:

"Quando o Cristo retornar, Ele não irá inicialmente revelar Sua Presença, nem vão os Mestres Que O precederem; mas gradualmente, passos serão dados que irão revelar aos homens que vive entre eles agora um homem de incrível, extraordinária potência, capacidade para amar e serviço, e com uma amplitude de visão bem além do comum. Homens e mulheres todos ao redor do mundo irão se encontrar atraídos à consciência do ponto no mundo moderno onde este homem irá viver; e deste centro de força, fluirá o Verdadeiro Espírito do Cristo, que irá gradualmente revelar aos homens que Ele está conosco. Aqueles que puderem responder à Sua Presença e Seus ensinamentos irão se encontrar de alguma forma refletindo este amor, esta potência, esta amplitude de visão, e irão ao mundo e espalharão o fato de que o Cristo está no mundo, e que os homens devem olhar para aquele país do qual um certo Ensinamento está emanando. Isso ocorrerá em um período relativamente muito curto de tempo, e irá levar à evidência conclusiva de que o Cristo está em nosso meio.

"Deste tempo em diante, as mudanças que irão ocorrer no mundo prosseguirão com uma velocidade sem precedentes em toda a história do planeta. Os próximos 25 anos irão mostrar tais mudanças, mudanças tão radicais, tão fundamentais, que o mundo será inteiramente mudado para melhor."

Ninguém estava mais surpreso do que eu em ouvir esta declaração. Não até eu ouvi-la novamente em fita, eu tinha certeza, ainda, que ela fazia sentido.

Em 7 de Julho de 1977, o Próprio Maitreya nos informou que Seu corpo de manifestação estava totalmente completo, que Ele o havia "terminado", e que Seu Corpo de Luz (Seu Corpo Ascenso) estava agora em descanso em Seu Centro montanhoso no Himalaia. Em 8 de Julho, foi nos dito que a Descida tinha começado. Na Terça-Feira, 19 de Julho, meu Mestre me disse que Maitreya tinha agora chegado em Seu "ponto de foco", um país moderno bem conhecido. Eu tive um encontro de palestra naquela noite na Friends House, mas foi me dito para manter a informação para mim mesmo ainda.

Durante nossa sessão de transmissão de Sexta-Feira, o Mestre me disse que Maitreya esteve descansado, aclimatizando-Se, por três dias, e que naquele dia, 22 de Julho, Sua Missão tinha começado. Esta informação eu tive permissão para partilhar com o grupo.

Cerca de meia noite a transmissão acabou, e nós nos congregamos como de costume para um chá antes de dispersarmos. Minha esposa ligou a televisão, onde o filme do fim da noite exibia um drama familiar com Bette Davis no papel principal. Alguns do grupo assistiam, mas, compreensivelmente, meus pensamentos estavam em outro lugar. Eu fiz algumas observações sarcásticas sobre o filme e seus atores (normalmente eu admiro muito Bette Davis como uma atriz). Quando eu não conseguia mais agüentar, eu disse que eu tinha algumas notícias mais importantes para dizer à eles – que o Cristo estava agora no mundo cotidiano em completa Presença física, e começando Sua Missão.

Muitas, muitas vezes desde então, para multidões de audiências, eu fiz esta declaração, mas nunca antes com o sentimento de ter, mesmo de uma forma pequena, partilhado de um grande evento planetário. As lágrimas de alegria nos rostos do grupo ao redor da mesa mostraram que eles, também, sentiram o mesmo.

No começo de Setembro de 1977, foi me perguntado se eu levaria as mensagens de Maitreya à público. Em 6 de Setembro de 1977, a primeira mensagem pública foi dada na Friend's House, Rua Euston, "experimentalmente", para descobrir, eu suponho, como eu me saía na demonstração deste tipo de ofuscamento e telepatia em público – uma coisa muito diferente da privacidade do seu próprio grupo. Elas continuaram até agora. No presente momento em que estamos indo à imprensa, nós recebemos 85 mensagens. Elas são transmitidas por mim para a audiência; nenhum transe ou mediunidade está envolvido, e a voz é minha, muito obviamente fortalecida em poder e alterada em tom pela energia ofuscante de Maitreya. Elas são transmitidas simultaneamente em todos os planos astrais e mentais, enquanto eu ofereço a vibração físico-etérica básica para isso ocorrer. Destes níveis sutis, as mensagens impressionam as mentes e corações de incontáveis pessoas que estão gradualmente se tornando conscientes dos pensamentos e da Presença do Cristo. Ele libera, desta forma, fragmentos de Seu Ensinamento, para preparar o clima de esperança e expectativa que irá assegurar Ele ser aceito e seguido, rapidamente e de bom grado.

É uma enorme, e embaraçosa reivindicação a se fazer – a de que o Cristo está dando mensagens através de si mesmo. Mas se as pessoas puderem livrar suas mentes da idéia do Cristo como alguma forma de espírito, sentado no "paraíso" na mão direita de Deus; se elas puderem começar a vê-Lo como de fato Ele é, como um homem real e vivo (embora um homem Divino) que nunca deixou o mundo, que desceu, não do "céu", mas de Seu antigo retiro no Himalaia, para completar a tarefa que Ele começou na Palestina; como um Grande Mestre; um Adepto e Yogi; como o ator principal da História do Evangelho, que é essencialmente verdadeira, mas muito mais simples do que foi até agora apresentada; se as pessoas puderem aceitar esta possibilidade, então a reivindicação de receber comunicações telepáticas de tal Ser muito mais próximo e conhecível também seja, talvez, mais aceitável. Em qualquer caso, eu deixo ao estudo da qualidade das próprias Mensagens para convencer ou não. Para muitas pessoas, as energias que fluem durante o ofuscamento, convencem. Muitas que vão à estes encontros são clarividentes de vários graus, e suas visões do ofuscamento como ele ocorre são para elas a evidência mais convincente de todas.

Talvez o acima irá ajudar a explicar por que eu falo dos Mestres e do Cristo e o reaparecimento Deles com convicção. Para mim, Suas existências são um fato, conhecido através da minha experiência direta e contato. É na esperança de despertar outros para a realidade deste fato, e para o futuro momentoso fato do retorno Deles agora ao mundo cotidiano, afim de nos levar à Era Aquariana, que isso foi escrito.

BENJAMIN CREME
*Londres 1979*

(Os trechos acima foram tirados do Prefácio do *The Reappearance of the Christ and the Masters of Wisdom* por Benjamin Creme)

# CAPÍTULO 1

## INTRODUÇÃO:
## O QUE É A MEDITAÇÃO DE TRANSMISSÃO?

A MEDITAÇÃO DE TRANSMISSÃO é uma forma de meditação que é também uma transmissão de energia. Nós não seríamos seres humanos se nós não, sabendo ou não sabendo, agíssemos como transmissores de energia. Se o reino humano fosse por alguma razão ou outra removido deste planeta, todos os reinos inferiores – animal, vegetal e mesmo o mineral – iriam eventualmente morrer. Eles não receberiam mais sua quota de energia do sol em uma potência que eles pudessem absorver. Isso é porque o reino humano (como todos os reinos) transmite energia, embora de uma forma única. Com nós sabendo ou não (e no futuro nós saberemos disso e agiremos conscientemente como tais), nós somos transmissores, uma câmara de compensação para energias recebidas dos reinos acima de nós. Estas energias são transformadas ao passarem através de nós para os reinos inferiores.

Cada reino evolui como um resultado do estímulo do reino imediatamente acima dele. A forma física vem de baixo e o estímulo espiritual em direção à evolução de cima.

O reino vegetal cresceu do reino mineral, o primeiro reino a ser criado e o mais inerte. Do reino vegetal, cresceu o reino animal; do reino animal, o reino humano (nós devemos nossos corpos físicos ao reino animal). Do reino humano, com a humanidade sabendo disso ou não, cresceu e está crescendo o Reino Espiritual, o Reino das Almas, ou, na terminologia Cristã, o Reino de Deus.–

O Reino de Deus, o Reino Espiritual, não é algum estado abençoado que precisa descer do céu quando a humanidade for boa o suficiente, desenvolvida o suficiente, para recebê-lo. É algo que, desconhecido para a maioria de nós, sempre existiu por trás das cenas de nossa vida. Ele é composto dos Mestres e Iniciados da Sabedoria, daquele grupo de homens e mulheres que vieram antes de nós, evoluíram antes de nós, e, no caso dos Mestres, chegaram ao fim da experiência evolucionária neste planeta.

    Os Mestres servem ao plano de evolução dos reino humano e sub-humanos. Eles são os Guardiões de todas as energias entrando neste planeta. Poderosas energias cósmicas colidem com este planeta de todos os lugares no espaço. Nós não sabemos nada sobre elas e não podemos fazer nada com elas, já que nós não temos essa ciência, mas os Mestres trabalham com essas energias, cientificamente equilibrando-as e enviando-as ao mundo para ajudar a humanidade evoluir. Os Mestres são as figuras chave neste processo, trabalhando por trás das cenas através de homens e mulheres, os iniciados, os discípulos e aspirantes no mundo.

    A humanidade evolui através da correta absorção das energias espirituais do Reino das Almas. Toda mudança, tanto uma individual e uma em escala mundial, é o resultado de nossa resposta às grandes forças espirituais. Nós não vemos estas energias em sua maioria, mas mesmo assim, elas estão lá. Elas trabalham através de nós, e conforme nós respondemos – mudando e criando novas estruturas, fazendo decisões pessoais, comunitárias e internacionais – nós estamos respondendo à essas energias.

    As energias são de muitos tipos e qualidades diferentes, e portanto, têm nomes diferentes. Uma é chamada Vontade; outra é Amor. Nós pensamos no "amor" como um tipo de emoção que as pessoas sentem uma entre as outras. É lógico, emoção tem alguma relação com o Amor, mas em um nível mais baixo da grande energia cósmica. Amor que os Mestres enviam ao mundo em sua forma pura, é a coesiva, magnética força ligando os átomos da matéria e as unidades da humanidade juntas.

O objetivo evolucionário é o de que nós devemos nos unir pela energia do Amor e demonstrá-la em nossas vidas. Infelizmente, a humanidade como um todo ainda não faz isso, mas na vindoura Era de Aquário, nós iremos manifestar a qualidade do Amor, assim como tão poderosamente, claramente e corretamente, hoje nós demonstramos a energia que nós chamamos Conhecimento. Nossa ciência e tecnologia são o resultado direto de nossa habilidade hoje de manifestar a energia do Conhecimento. Dois mil anos atrás, nós não podíamos fazer isso.

O Cristo veio na Palestina para nos mostrar Amor, para nos mostrar que a natureza da divindade é Amor, e Ele demonstrou Amor perfeito em um ser humano pela primeira vez. Em 2.000 anos nós ainda não manifestamos esta qualidade que Ele liberou no mundo. É lógico, muitos homens e mulheres individualmente perceberam dentro de si mesmos a qualidade do Amor e se tornaram discípulos, iniciados, e em alguns casos, Mestres da Sabedoria. Através da demonstração do Amor de Deus, Eles alcançaram a perfeição relativa que os Mestres conhecem, uma perfeição que um dia será o nosso destino manifestar.

A promessa desta vindoura Era de Aquário é a de que, pela primeira vez na história humana documentada, a humanidade irá se tornar Uma e demonstrará o Amor do qual a unidade é a expressão. Ele irá se refletir no plano físico como a unicidade interna do homem – o fato de que como almas, nós somo Um. Não há algo que se possa chamar de alma separada. Nós somos partes individualizadas de uma Grande Alma que é perfeita, e que é um reflexo do que nós chamamos Deus, daquela Realidade na qual nós "vivemos, nos movemos e temos a nossa existência" – o Logos do planeta.

O verdadeiro propósito da alma em encarnação é o de levar adiante a Vontade e Plano do Logos do planeta. É um sacrifício para a alma, um ser espiritual perfeito por direito próprio – nosso verdadeiro Ser Superior – expressar a si mesma no plano físico denso através dos aparatos dos corpos físico, emocional e mental, integrados por esta personalidade que nós tomamos como sendo nós mesmos. Cada um de nós é divino. No entanto, é extremamente difícil manifestar esta divindade em sua perfeição, exatamente como ela é neste nível, porque esta divindade está imersa na própria matéria. Quando a alma encarna, ela toma um veículo composto por energia material que inibe o reflexo do Propósito divino (Vontade, Amor, Inteligência) da alma, porque a energia da matéria é inerte e não refinada. O propósito de se encarnar continuamente, milhares e milhares de vezes através da jornada evolucionária, é gradualmente o de espiritualizar a matéria deste planeta. É isso o que nós realmente estamos fazendo, e inicialmente, nós fazemos isso através da espiritualização da matéria em nossos corpos.

Todos os Mestres estão vivendo em corpos perfeitos (corpos ressurretos, no sentido Bíblico de ressurreição) que são literalmente luz, embora eles sejam sólidos e físicos como o seu ou o meu. Gradualmente, através do processo de encarnação, a alma leva à cada corpo mais e mais matéria subatômica que é literalmente luz. E conforme isso ocorre, nós também demonstramos, gradualmente, a natureza da alma. Nós nos tornamos imbuídos pela energia da alma.

Em direção ao fim da nossa jornada evolucionária, nossa alma nos leva à meditação. Na primeira vida na qual isso ocorre, isso pode ser apenas um flerte, mas algum contato com a meditação é feito. Na próxima vida, muito mais é feito, até que depois de várias vidas, a meditação se torna uma atividade natural do indivíduo em encarnação. Isso eventualmente torna a jornada interna em direção à alma automática.

O propósito de nossa existência evolucionária, então, é o de manifestar as qualidades da alma no plano físico, e assim espiritualizar a matéria. A meditação oferece um meio mais ou menos científico, dependendo da meditação, de se fazer contato com a alma e gradualmente se tornar um com a alma, de forma que ela possa se manifestar claramente e de forma potente no plano físico. Quando nós vemos tais indivíduos, nós os percebemos como radiando sentido e propósito – por exemplo, artistas excepcionalmente criativos, cientistas, políticos ou educadores. Tais pessoas são bem obviamente governadas por uma força totalmente diferente da norma. É a energia da alma que está fluindo através delas, tornando-as seres criativos que enriquecem nossa cultura e civilização.

A Meditação de Transmissão é o método mais simples que eu conheço para conseguir este contato com a alma. Muitas meditações precisam que o indivíduo tenha uma atividade mental poderosamente concentrada, que é além do que a maioria das pessoas conseguem. O que as pessoas chamam de meditação é freqüentemente não meditação, mas simplesmente concentração ou apenas devaneio. Existem cinco estágios da meditação, cada um levando gradualmente ao outro: concentração, meditação, contemplação, iluminação, e inspiração. A Meditação de Transmissão pode fortalecer todos eles.

Desde a declaração do Cristo em 1945 de que Ele iria reaparecer no momento mais cedo possível, houve como nunca antes, uma enorme quantidade de energia a disposição dos Mestres. Quando Ele fez aquela decisão, Ele se tornou o canal para colossais forças espirituais cósmicas e extra-sistêmicas. Estas precisam ser "diminuídas em freqüência", ou elas simplesmente ricocheteariam na maior parte da humanidade. Pelo trabalho dos grupos de Meditação de Transmissão, no entanto, essas forças se transformaram e se tornaram prontamente disponíveis e acessíveis.

Em um grupo de Transmissão, você simplesmente se deixa ser um instrumento, enquanto a energia é colocada através de seus chakras pelos Mestres. Você age como um positivo, equilibrado canal mental através do qual a energia é enviada de uma forma altamente científica. Ela é dirigida por Eles, por Seus pensamentos, para onde elas são mais úteis e necessárias. Eles estão sempre procurando por aqueles que podem conscientemente agir como transmissores de Suas energias desta forma.

Para formar um grupo de Meditação de Transmissão, tudo que você precisa é da intenção e desejo de servir, e duas outras pessoas que concordem em transmitir com você. É lógico, quanto mais pessoas melhor, mas três em si é um grupo. A meditação utilizada é simples, mas é a mais dinâmica que eu conheço. Ela não precisa de uma perícia extraordinária. É uma simples meditação de alinhamento – o alinhamento do cérebro físico e a alma pela ação da atenção mantida no centro ajna entre as sobrancelhas.

Você pode dizer: "Tudo isso é muito bom de se dizer, "Sente-se e medite", mas como nós conseguimos essas energias que nós temos que transmitir?" Foi dada à humanidade uma ferramenta extraordinariamente potente pela qual a energia dos Mestres pode ser invocada à vontade. Ela é chamada de A Grande Invocação. O Próprio Cristo a utilizou pela primeira vez em Junho de 1945, quando Ele anunciou para Seus Irmãos, os Mestres da Sabedoria, que Ele estava pronto para retornar ao mundo no momento mais cedo possível, assim que a humanidade tomasse os primeiros passos em direção à partilha e cooperação para o bem comum. Ela foi traduzida pelos Mestres e liberada para o

mundo pelo Mestre Tibetano Djwhal Khul através de Sua amanuense, Alice A. Bailey.
A Grande Invocação é uma oração muito potente. Pelo seu uso, qualquer grupo de transmissores pode invocar as energias do Cristo e dos Mestres, e, agindo como instrumentos, permitir à essas energias passarem através de seus chakras de uma forma simples, agradável e científica.
A coisa importante é a regularidade. O que é necessário é que o grupo se encontre regularmente, pelo menos uma vez por semana, sempre no mesmo horário. Desta forma, os Mestres podem depender de um grupo de indivíduos estando fisicamente presentes naquele momento. Pelo uso da Grande Invocação, o grupo se alinha com a Hierarquia, e os Mestres transmitem as energias através do grupo para o mundo. O processo de Transmissão continuará na Nova Era e além, até quando a humanidade existir.
Os Mestres transmitem energia a todo momento. Eles são os Guardiões do destino deste planeta. Você está seguro nas mãos dos Mestres da Sabedoria
Uma gigantesca rede de luz está sendo criada pelo Cristo no plano da alma e está crescendo a todo momento. Cada grupo de Transmissão está ligado a esta rede e um poder espiritual tremendo irradia por ela ao redor do mundo.

## YOGA DA NOVA ERA

A Meditação de Transmissão é na verdade uma combinação de duas yogas: Karma Yoga, a yoga do serviço, e Laya Yoga, a yoga dos chakras, as energias. Esta é a verdadeira yoga para a era vindoura. Ao tomar parte de uma Meditação de Transmissão, sua evolução é impulsionada adiante numa taxa extraordinária, por causa da potência das energias espirituais enviadas através dos chakras. As energias galvanizam e ativam os chakras conforme elas passam através deles. Os Mestres registram o ponto na evolução de qualquer indivíduo olhando para o estágio de seus chakras.

Para tomar parte em uma Meditação de Transmissão, você apenas precisa manter sua atenção no centro ajna. Em prática, você descobrirá que a atenção não ficará lá. Ela continuará caindo para o seu nível comum, em algum lugar ao redor do plexo solar. Assim que a atenção cair e você se tornar consciente disso, você precisa levá-la novamente de volta ao centro ajna. Isso é feito ao se pensar, internamente, no mantra OM. Assim que você pensa no OM, você vê que a sua atenção automaticamente volta para o centro ajna. Enquanto a sua atenção for mantida no centro ajna, uma conexão, ou alinhamento, é formado entre o cérebro físico e a alma. As energias não vêm da sua alma. Elas vêm dos Mestres, do Reino das Almas. Mas elas vêm do nível da alma. Enquanto o alinhamento entre o cérebro físico e a alma for mantido, você está na Transmissão. Assim que sua atenção sair do centro ajna, você não está mais participando. Assim que você pensar no OM, a atenção se erguerá de novo, e você está alinhado. O processo é o de se estar alinhado, por um momento não alinhado, e então, mais uma vez, alinhado, alternativamente.

A forma mais fácil de se fazer a Meditação de Transmissão é a de se juntar a um grupo existente. Se não há grupo na sua área dentro de uma distância razoável, você pode formar seu próprio grupo juntando-se com outras duas pessoas. Mais pessoas são mais úteis, mas um grupo básico de três é um grupo de trabalho prático. Se você tem um grupo de três pessoas, você tem um triângulo. A energia é triangulada, o que a potencializa. Se você tem mais uma pessoa, você tem quatro triângulos, que a potencializa ainda mais. Se você tem mais uma pessoa, cinco, você tem dez triângulos – e por aí vai, em progressão aritmética. Quanto mais pessoas, mais triângulos, e mais poderoso o grupo é. Ela é tão poderosa que em um ano de correta, continuada Meditação de Transmissão você pode fazer o mesmo tipo de progresso como se estivesse em 10, 15, ou mesmo 20 anos de meditação comum. Mas o verdadeiro, fundamental propósito da Meditação de Transmissão, é o serviço ao mundo. O mundo precisa dessas energias dos Mestres no nível que elas podem ser absorvidas e usadas. Estas são as energias que transformam a vida no planeta.

**DEFINIÇÃO DE TERMOS**

*Você se refere a Nova Era ou a vindoura Era de Aquário. O que você realmente quer dizer com isso?*

Quase todo mundo ouviu sobre o nascimento de uma Nova Era, mas relativamente poucos, parece, entendem o que se quer dizer pela frase, ou como isso acontece. Em termos estritamente científicos, é o resultado da precessão dos equinócios. Em terminologia de leigo, é o resultado do movimento do nosso sistema solar pelos céus em relação as constelações do zodíaco. O ciclo completo dura aproximadamente 26.000 anos, e a cada 2.150 anos, mais ou menos, nosso sol chega em alinhamento com cada constelação por vez. Quando isso ocorre, nosso sistema, e é lógico, nosso planeta, recebem um grande afluxo de energias daquela constelação. Pelos últimos 2.500 anos, nosso sistema solar esteve nesta relação especial com a constelação de Peixes. Nós estivemos na era de Peixes. O Cristo inaugurou esta era 2.000 anos atrás. É por essa razão que o peixe, o símbolo de Peixes, foi adotado pelos primeiros grupos Cristãos.

Nós chegamos ao fim desta era, nosso sol se movimentou em direção ao alinhamento com Aquário, e as novas, totalmente diferentes energias de Aquário estão diariamente crescendo em potência e impacto sobre nossas vidas. O tempo problemático no qual nós vivemos é o resultado do confronto, em todos os níveis e em cada departamento da vida, entre as energias, agora retrocedendo, de Peixes, e as vindouras forças de Aquário.

*O que você quer dizer por "energia"?*

Há um antigo axioma esotérico de que não há nada em todo o universo manifestado a não ser energia em alguma relação, em alguma freqüência vibracional. Para onde nós olharmos, o que nós pudermos conceber, é na verdade energia mais ou menos concretizada, vibrando em uma freqüência particular. Todos esses pontos de energia estão em relação um com os outros. Existe uma troca recíproca entre todos os aspectos do universo. Nós somos literalmente um todo, uma unidade. Físicos modernos, explorando a natureza do átomo, chegaram exatamente à mesma conclusão sobre a natureza da realidade que foi chegada pelos antigos Mestres. Não há nada em toda a realidade a não ser energia. Tudo que nós pensamos como sendo Deus, pode ser conhecido em termos de energia. O desenvolvimento do homem em direção à Deus é o desenvolvimento da consciência, a criação de um aparato ou instrumento sensível à níveis cada vez mais altos da soma total de energias, e leis governando essas energias, que nós chamamos de Deus. É assim que nós nos tornamos divinos: nós gradualmente nos ligamos, nos tornamos conscientes, e radiamos a energia que é Deus.

*O que é um chakra?*

Um chakra é um vórtice ou centro de força. Por exemplo, nosso sistema solar é um centro de força através do qual a energia da galáxia pode ser transmitida. Nosso planeta é um chakra no corpo daquele grande Ser cósmico Que anima este sistema solar, Que para nós é Deus.

Chakras são formados pelo entrelaçamento de energias nos planos etéricos da matéria. Nós reconhecemos três estados de matéria – sólido, líquido e gasoso físico. Mas os esoteristas reconhecem e usam mais quatro estados de matéria mais sutil do que o gás – os quatro planos etéricos. Nós vivemos em um oceano de energias etéricas. O invólucro etérico do mundo é concentrado no corpo etérico do ser humano. Todos nós temos um corpo etérico de contra-parte que sustenta o corpo físico-denso e é uma réplica exata dele. O constante movimento do oceano de energia etérica gradualmente cria vórtices onde as energias se cruzam mais freqüentemente. Cada vórtice é um chakra, uma abertura para dentro e fora do corpo, e todas as energias colidindo no corpo físico-etérico fluem através destes centros de força.

Existem sete chakras na coluna vertebral, localizados na base da coluna, no sacro, no plexo solar, no coração, na garganta, entre as sobrancelhas e no topo da cabeça. Estes são os sete centros maiores. Existem 42 centros menores e muitos centros subsidiários – por exemplo, nas bochechas, no lóbulo da orelha, nas palmas das mãos. Através desses centros, as energias fluem de forma mais potente. Na Meditação de Transmissão, a atividade desses centros é aumentada e estimulada.

*Qual é a relação entre Espírito, alma e a pessoa física?*

A alma é o reflexo do Espírito (ou Mônada, na terminologia Teosófica). O Espírito é idêntico ao Logos. É a Centelha de Deus, nossa verdadeira natureza. Nós somos constituídos de três níveis (1) a Mônada ou Espírito, o mais alto; ela é refletida mais abaixo no nível da alma como (2) o ego ou alma humana; a alma reflete a si mesma no plano físico como (3) a personalidade humana. Quando nós olhamos em um espelho, nós pensamos que estamos vendo nós mesmos, mas nós estamos vendo apenas uma pequena ponta do iceberg. Acima da personalidade está a alma com todas as suas áreas de experiência e conhecimento. Acima da alma, refletida através dela, está a Mônada ou Espírito, a Centelha de Deus, que é a fonte e garantia da divindade do homem. Nós somos divinos porque nós somos feitos literalmente à imagem do Logos Que anima este planeta.

O propósito da alma é um de sacrifício. A alma encarna no nível humano através de seus veículos da personalidade – mental, astral e físico – em sacrifício ao plano do Logos. O plano e propósito do Logos é o de espiritualizar o Seu Próprio aspecto que nós chamamos matéria.

Espírito e matéria são dois pólos de uma realidade. O Espírito se envolveu na matéria, seu pólo oposto. O homem é o ponto na metade do caminho entre o espírito e a matéria. Onde o Pai/Espírito e a Mãe/Matéria se encontram, o homem, a humanidade, nasce. A Mônada desce e reflete a si mesma como a alma; a alma desce e reflete a si mesma como a personalidade no plano físico – o homem ou mulher que nós vemos. Em um certo ponto, a jornada de volta começa. No processo de evoluir de volta para o Espírito, nós espiritualizamos a matéria de nossos sucessivos corpos, da primeira experiência de encarnação até a última, levando à experiência da ressureição que nos torna um Mestre perfeito. Desta forma, nós espiritualizamos o planeta. A humanidade está realmente engajada em sua tarefa de salvação, de espiritualizar a substância material deste planeta. A transmissão de energia é um dos serviços pelos quais este procedimento pode prosseguir.

# CAPÍTULO 2

## A Grande Invocação

Do ponto de Luz na Mente de Deus
Flua luz às mentes dos homens.
Que a Luz desça à Terra

Do ponto de Amor no Coração de Deus
Flua amor aos corações dos homens.
Que o Cristo retorne à Terra.

Do centro onde a Vontade de Deus é conhecida
Guie o propósito as pequenas vontades dos homens –
O propósito que os Mestres conhecem e servem.

Do centro que nós chamamos a raça dos homens.
Cumpra-se o Plano de Amor e Luz
E mure-se a porta onde mora o mal.

Que a Luz o Amor e o Poder restabeleçam
o Plano na Terra

ESTA GRANDE INVOCAÇÃO, usada pelo Cristo pela primeira vez em Junho de 1945, foi liberada por Ele para humanidade afim permitir ao próprio homem invocar as energias que podem mudar nosso mundo, e tornar possível o retorno do Cristo e da Hierarquia. Esta não é a forma usada pelo Cristo. Ele usa uma fórmula antiga, com sete frases místicas, em um antiga língua sacerdotal. Ela foi traduzida (pela Hierarquia) em termos que nós podemos usar e compreender e, traduzida para muitas línguas, ela é utilizada hoje em quase todos os países do mundo.

Potente como ela é, ela pode ser mais ainda se utilizada em formação triangular. Se você desejar trabalhar deste modo, combine com dois amigos usar a Invocação, em voz alta, diariamente. Vocês não precisam estar na mesma cidade, ou país, ou dizê-la na mesma hora do dia. Simplesmente diga-a quando for conveniente para cada um, e, ligando-se mentalmente com os dois outros membros, visualize um triângulo de luz branca circulando acima de suas cabeças e veja-o ligado à uma rede de tais triângulos, cobrindo o mundo.

Outra maneira muito potente que pode ser usada em conjunto com o triângulo, é a seguinte: Quando você disser a primeira linha: "Do ponto de Luz...", visualize (ou pense, se você não conseguir visualizar) o Buda, a Encarnação da Luz ou Sabedoria no planeta. Visualize Ele sentado na posição de lótus, com um manto da cor de açafrão sobre um ombro, a mão erguida em benção, e veja emanando do centro do coração, o centro ajna (entre as sobrancelhas), e da mão erguida do Buda, uma brilhante luz dourada. Veja esta luz entrando nas mente dos homens em todos os lugares.

Quando você disser a linha: "Que a Luz desça à Terra", visualize o sol físico, e veja emanando dele raios de luz branca. Veja esta luz entrar e saturar a Terra.

Quando você disser: "Do ponto de Amor...", visualize o Cristo (a Encarnação do Amor) seja lá de que forma você O vê. Um boa maneira de vê-Lo é de pé na ponta de uma mesa em forma de Y invertido: ⅄, com cada braço da ⅄ do mesmo tamanho. (Esta mesa existe no mundo, e o Cristo a dirige.) Veja-O de pé, com os braços erguidos em benção, e veja emanando do centro do coração e das mãos erguidas do Cristo, uma brilhante luz de cor rosa (não vermelha). Visualize esta luz rosa entrando nos corações dos homens em todos os lugares.

Quando você disser a linha: "Que o Cristo retorne à Terra", lembre-se que isso se refere à

Hierarquia como um todo e não apenas ao Cristo. Ele é o centro do coração da Hierarquia, e embora Ele esteja agora entre nós, o resto da Hierarquia (aquela parte que irá se exteriorizar lentamente pelos anos) ainda precisa ser invocada, de forma que a ligação magnética para a descida Dela possa ser mantida.

Quando você disser: "Do centro onde a Vontade de Deus é conhecida...", (que é Shamballa) visualize uma grande esfera de luz branca. (Você pode colocá-la, mentalmente, no deserto de Gobi, onde ela está, nos dois mais altos dos quatro planos etéricos. Um dia, quando a humanidade desenvolver a visão etérica, que ela irá nesta vindoura era, este centro será visto e conhecido, assim como muitos outros centros serão vistos e conhecidos). Visualize raios de luz saindo desta brilhante esfera, entrando no mundo, galvanizando a humanidade em direção à ação espiritual.

Faça isso com o pensamento e intenção focados, sua atenção fixa no centro ajna entre as sobrancelhas. Desta forma, você forma uma ligação telepática entre vocês e a Hierarquia, e através desta ligação as energias assim invocadas podem fluir. Não há nada melhor que você possa fazer para o mundo ou à vocês mesmos do que canalizar estas grandes energias espirituais.

*Você dá como parte da visualização a ser usada ao se dizer a Grande Invocação a cor dourada que sai das mãos erguidas do Buda, e rosa que sai do coração e das mãos do Cristo. (1) Estas cores são visíveis ao clarividente? (2) Qualquer pessoa pode vê-las? (3) Também é uma questão de interpretação de vibração? (4) Ou isso não tem nenhuma relação com a aura?*
(1) Sim. (2) Não. (3) Não. (4) Nenhuma.

*De onde a visualização para a Grande Invocação saiu, e porque não há nenhuma visualização para a quarta estrofe?*

A visualização foi dada à mim pelo meu Mestre para o uso dos grupos de Meditação de Transmissão, e qualquer outra pessoa que deseja usá-la. Nenhuma visualização foi dada para a quarta estrofe, que não está relacionada com a fonte de energia, mas com o seu funcionamento no mundo.

Eu tenho certa dificuldade com a Grande Invocação. Minha dificuldade sai das declarações nela: "Do ponto de Luz na mente Mente de Deus, flua luz às mentes dos homens." Isso coloca Deus lá fora em relação a mim. Eu acho que Deus está em cada um de nós. É a energia sobre a qual você falou. Então eu não me sinto confortável em usá-la.

Deus está tanto lá fora como dentro de nós. O Cristo ensinou que Deus está dentro de nós. Mesmo assim, a visão geral de Deus no mundo ocidental é a de ver Deus como lá fora, transcendente, acima, e além de sua criação, tendo nenhum contato real com esta criação, a ser adorado e a se rezar para ele de longe. A abordagem oriental é bem diferente. Ela está relacionada com o Deus interno. As religiões orientais ensinaram que Deus está em todo lugar, que não há lugar algum onde Deus não esteja. Deus está em toda a sua criação – homens, animais, árvores, tudo. Não há nada no mundo manifestado que não seja Deus. Todos os seres e o espaço entre todos os seres são Deus, "mais próximo do que a mão ou o pé, mais próximo ainda do que a respiração" – Deus imanente.

 Ambas as abordagens estão certas. Deus é tanto transcendente e imanente. Em uma nova religião mundial, o Cristo irá unir esses dois conceitos de Deus. Ele irá sintetizá-los e mostrar que Deus é transcendente, acima e além do homem e toda a criação, enquanto que é ao mesmo tempo intrínseco, imanente em toda a criação. Ambos os conceitos são verdadeiros, e ambos podem ser mantidos simultaneamentem mesmo que eles pareçam ser contraditórios. Esta será a abordagem básica à Deus da Nova Religião Mundial. O Cristo, como o Avatar Mundial, unirá o Oriente e o Ocidente precisamente através deste duplo conceito de Deus.

A Grande Invocação não realmente se refere especificadamente à Deus. Ela diz: "Do ponto de Luz na Mente de Deus". A Luz dentro da Mente de Deus é uma energia encarnada neste mundo por um grande Ser – o Buda. Você está invocando esta energia Dele. Deus sempre age através de agentes – aqueles Que manifestaram tanto da imanência de Deus em seus próprios seres que eles podem efetivamente encarnar certas grandes energias. O Buda encarna a Luz ou Sabedoria de Deus. Ele ainda está neste planeta em um grande centro chamado Shamballa. Ele é o ponto de Luz dentro da Mente de Deus, a encarnação da luz, ou princípio sabedoria neste planeta.

Então você não está de forma alguma tornando Deus transcendente. Você está vendo Deus em termos de Seus representantes. O Buda e o Cristo são Representantes de Deus, encarnações de dois aspectos da energia divina: Sabedoria e Amor.

O Amor de Deus é uma grande energia se originando do sol. Ela mantém as partículas da matéria no universo unidas e mantém as unidades da humanidade juntas. A humanidade pode não perceber ainda que o cimento, a força coesiva que nos une, é o Amor. É por isso que o Amor "faz o mundo girar", como nós falamos. Sem ele, todos nós literalmente desmoronaríamos. O mundo está desmoronando agora porque não há amor o suficiente no mundo.

Na verdade, há uma abundância de amor, mas nós não o expressamos. Nós não manifestamos a energia do amor. Ela está sendo derramada para este mundo diariamente, de hora em hora, em uma tremenda potência Daquele Que a encarna, o Cristo. Mas onde você não tem utilização e manifestação desta energia, você tem caos.

O amor é uma força ativa. Ele se torna amor apenas quando ele está em ação. Não adianta dizer: "Eu te amo. Eu amo a todos", e na verdade não dar nada, não fazer nada para reparar os terríveis desequilíbrios na situação mundial. Milhões estão passando fome em um mundo de plenitude. Onde está o amor? Nós não temos o direito de dizer "Eu te amo" enquanto nós não fizermos nada para mudar a pobreza, a fome e a degradação humana que existe no mundo.

Quando você diz: "Do centro onde a Vontade de Deus é conhecida", você está invocando a energia de Shamballa. Shamballa é o centro onde Deus reflete a Si Mesmo neste planeta. Quando você usa esta linha na Grande Invocação, você está na verdade invocando a energia da Vontade, que encarna o Propósito de Deus. Fluindo através de nós, ele se torna manifestado e útil no mundo.

Você está vendo Deus em termos reais, manifestando-se potencialmente no Buda, no Cristo, e de forma mais potente do que nos outros, em Shamballa. Isso é a realidade.

*Quando nós dizemos: "Que o Cristo retorno à Terra", nós queremos dizer a consciência do Cristo agora que o Cristo e 12 Mestres já estão aqui?*
Não. A consciência do Cristo é uma energia – a energia da própria evolução – encarnada pelo Cristo neste período de crise humana. Desde Sua decisão em reaparecer, anunciada em Junho de 1945, esta energia flui ao mundo em uma potência enormemente renovada. "Que o Cristo retorne à Terra" deve agora ser dito em relação à Hierarquia Espiritual como um todo. Apenas 12 Mestres (além de Maitreya) estão no mundo, mas existem 63 Mestres conectados com a evolução humana. Destes, cerca de dois terços irão eventualmente tomar

Seus lugares entre nós, lentamente, em cerca de 20 anos. A Invocação forma uma ligação telepática que Os atrai, sobre a lei, ao mundo. [Nota do autor: 14 Mestres até 2006.]

*Você por favor poderia explicar a linha na terceira estrofe: "Guie o propósito as pequenas vontades dos homens"?*
A estrofe começa: "Do centro onde a Vontade de Deus é conhecida, Guie o propósito as pequenas vontades dos homens." Isso se refere à Shamballa, o mais elevado centro espiritual da Terra. Ele está em matéria etérica, e dentro dele está o Conselho do Senhor do Mundo, Sanat Kumara (o Ancião dos Dias da Bíblia). De Shamballa sai o Plano (de evolução de todos os reinos) que encarna a Vontade e Propósito de nosso Logos Planetário, "O Propósito que os Mestres conhecem e servem,", como a última linha da estrofe diz.

Se o Propósito de Deus, invocado através da Invocação, guiar "as pequenas vontades dos homens", então as pequenas separadas vontades dos homens (e é lógico, mulheres) irão finalmente chegar em alinhamento com a Vontade Divina e o Plano de Amor e Luz irá se realizar. Tudo o que nós fazemos como uma raça é em resposta (adequada ou inadequada) às energias divinas da Vontade (ou Propósito), Amor e Luz liberadas no mundo pela Hierarquia Espiritual dos Mestres.

*Por favor, explique o significado de uma linha na quarta estrofe: "E mure-se a porta onde mora o mal."*
As forças do mal, ou escuridão, neste planeta, recebem suas energias do plano astral cósmico. Elas são, fundamentalmente, as forças da materialidade, as forças da matéria. Elas são parte do processo involucionário de Deus – Deus involuindo a Si mesmo na matéria e produzindo os pares de opostos, Espírito e Matéria.

Estas forças involucionárias dão apoio ao aspecto matéria do planeta. Se elas restringissem suas atividades à este propósito, isso estaria dentro da lei. Mas quando esta atividade extravasa para o arco evolucionário no qual nós estamos, ela se torna má e é hostil ao nosso progresso espiritual. Já que elas trabalham no plano físico, as forças da escuridão sempre tiveram vantagem sobre os Mestres da Sabedoria, Que representam as forças da luz. Desde os tempos Atlantes, os Mestres estiveram trabalhando dos planos mentais mais altos. Então, Suas mãos estiveram de alguma forma atadas em relação a vida do homem no plano físico. No entanto, desde 1936, um equilíbrio foi alcançado, e as forças da luz estão agora mais fortes no mundo. Os Mestres podem agora vir em aberto e trabalhar com a humanidade no plano físico. Eles podem juntar Seus poderes ao poder existente dos discípulos e dos homens e mulheres de boa vontade.

As forças do mal no planeta foram derrotadas, mas não destruídas. Então, "E mure-se a porta onde mora o mal" refere-se à "vedação" de energias. O trabalho dela é o de selar estas forças em seu próprio domínio ao erguer a humanidade acima do nível onde ela pode ser influenciada. Nós podemos então espiritualizar a matéria, que é o que nós realmente fazemos.

*Na Grande Invocação está a frase "restaure o Plano na Terra". Que Plano? O que deve ser restaurado?*
Citando o Mestre DK *(Um Tratado sobre Magia Branca*, por Alice A.Bailey): "O Plano, como ele é presentemente sentido, e pelo qual os Mestres estão firmemente trabalhando, pode ser definido como se segue: é a produção de uma síntese subjetiva na humanidade e de uma ligação telepática que irá inevitavelmente aniquilar o tempo. Ele tornará disponível para cada homem, todas as realizações e conhecimentos passados, revelará ao

homem o verdadeiro significado de sua mente e cérebro, e o tornará portanto onipresente, e eventualmente abrirá a porta para a onisciência. Este próximo desenvolvimento do Plano irá produzir no homem uma compreensão – inteligente e cooperativa – do propósito divino pelo qual Aquele no Qual nós vivemos, nos movemos e temos nossa existência considerou como sábio de se submeter à encarnação. Não pense que Eu posso falar sobre o Plano como ele verdadeiramente é. Não é possível para qualquer homem abaixo do nível de iniciado de terceiro grau deslumbrá-lo, e menos ainda compreendê-lo...

Todos podem portanto lutar em direção a se alcançar continuidade de consciência e o despertar daquela luz interna que, quando vista e inteligentemente usada, irá servir para revelar outros aspectos do Plano, e especialmente aquele que o poder do conhecedor iluminado pode responder e utilmente servir."

*A última linha da Grande Invocação, "Que a Luz o Amor e o Poder restabeleçam o Plano na Terra", implica que em algum ponto no passado o Plano estava se manifestando na Terra. Era este o caso, e se sim, quando?*

O Plano é considerado pela Hierarquia como tendo se manifestado, mais ou menos corretamente, durante o período da metade até o final dos tempos Atlantes, isso quer dizer, até cerca de 100.000 anos atrás. Aquele foi um tempo, no entanto, quando os Mestres daquele período trabalharam abertamente no mundo, assim capazes de influenciar e guiar a humanidade diretamente. Com a exteriorização de Seus trabalhos agora (é isso que a exteriorização do Cristo e dos Mestres realmente implica) o Plano irá uma vez mais ser restabelecido, desta vez com a participação consciente da humanidade.

*Eu respeito muito Maitreya, mas porque nós devemos visualizar uma mesa em forma de Y invertido ao se dizer a estrofe da Grande Invocação que começa: "Do ponto de Amor..."? Por que invertido? Não faria mais sentido deixar o Y com a cabeça para cima? Eu sei alguma coisa sobre Runas, e o Y de cabeça para baixo me faz penar na Runa YN que é o Poder da Terra. Como eu realmente quero estar envolvido no trabalho de Transmissão, sua resposta à esta pergunta é muito importante para mim.*

Ao se visualizar uma mesa na forma de Y invertido, você está se conectando com algo que já existe. Os Mestres sentam nesta mesa com os Três Grandes Senhores, o Cristo, o Manu e o Senhor da Civilização, nos três pontos do que, energeticamente, é na verdade um triângulo eqüilátero de tremendo poder. O Cristo fica no ápice do triângulo, daí o Y *invertido*.

*(1) Uma amiga minha tem dificuldade em usar a palavra "Cristo" na Grande Invocação, porque isso lembra à ela da imagem que as igrejas pintaram Dele. É portanto possível dizer "amor" ao invés de "Cristo"? (2) Também, nós podemos deixar de fora a sentença, "e mure-se a porta onde mora o mal"? Mal soa tão negativo, e além do mais, ele irá desaparecer automaticamente quando o amor vencer.*

(1) Este parece ser um problema bem comum. No entanto, a Grande Invocação foi traduzida em termos que nós podemos entender pela Hierarquia e *não* deve ser mudada. Embora Maitreya encarne a energia do amor, as palavras "amor" e "Cristo" não são a mesma e nem elas têm as mesmas associações em uma escala de massa. (2) Semelhantemente, é importante *não* mudar a sentença sobre murar "a porta onde mora o mal". Mal existe, e seus expoentes, os Senhores da Materialidade, *devem* ser selados em seu próprio domínio – o apoio do aspecto matéria do planeta. Isso é feito ao se erguer a humanidade, através da ação do Cristo e dos Mestres,

acima do nível onde ela pode ser influenciada, como ela é agora, por estas forças destrutivas. O presente foco destas forças é a *comercialização*, que Maitreya alerta, é uma grande ameaça ao nosso bem-estar. O mal não "desaparece automaticamente quando o amor vence". Com respeito, isso é sentimentalismo. As forças do mal podem apenas ser restringidas ao seu próprio domínio quando as pessoas em todos os lugares reconhecerem a diferença entre abundância materialista em resposta às forças de mercado, e verdadeira suficiência espiritual. Esta é uma lição dura para (especialmente) as nações desenvolvidas aprenderem.

*Agora que o Cristo está no mundo, o texto da Grande Invocação deve ser mudado?*
Não. Eu sei que alguns grupos mudaram a linha, "Que o Cristo retorne à Terra", para "O Cristo retornou à Terra" ou algo similar. Esta mudança é um erro e não procede da Hierarquia. Como eu já expliquei, "Que o Cristo retorne à Terra" refere-se não apenas à Maitreya, o Cristo, mas à Hierarquia do qual Ele é o cabeça. Esta linha deve ser mantida como dada para invocar o grupo de Mestres (cerca de 40 ao todo) Que irão retornar ao mundo exterior pelos próximos 20 anos ou mais.

Por anos, vários grupos cismaram com a linha, "E mure-se a porta onde mora o mal", e a mudaram. Novamente, isso é um erro. O texto desta Invocação foi cautelosamente trabalhado pela Hierarquia como uma forma – que nós podemos usar e entender – do mantra profundamente oculto usado por Maitreya.

Alguns indivíduos e grupos reivindicam terem "recebido" novas formas da Grande Invocação, presumivelmente da Hierarquia. Eu acredito que isto não seja nada a não ser o resultado de glamour. Conforme a humanidade se adequar para o seu recebimento e uso, serão liberadas eventualmente, novas formas mais esotéricas desta invocação. Elas devem se relacionar ao estado de ser da humanidade no momento e isso ainda é desconhecido.

*A Grande Invocação deve ser dita no começo ou no final da meditação?*
Ela deve ser dita no começo. Uma invocação é usada para invocar ou chamar energia. Você invoca a energia, então a transmite. Existem muitos grupos que usam a Grande Invocação no final de suas meditações como um tipo de benção. Isso é bom, mas não é potente. A Invocação é uma *invocação*. Você invoca a energia do Buda, do Cristo e de Shamballa, então as envia ao mundo. Se o seu cérebro físico está corretamente alinhado, a energia irá fluir.

*Nós podemos usar a Grande Invocação como uma oração interna, junto com, por exemplo, o Pai Nosso, ou nós iremos incomodar os Mestres se nós o fizermos?*
Ela não foi dada como uma oração interna, mas como uma invocação de energia da Hierarquia. Mesmo assim, o seu uso não iria, eu tenho certeza, incomodar os Mestres.

*Há uma forma correta de se falar a Grande Invocação?*
A Grande Invocação é um mantra tão poderoso e tão amplo em sua margem de erro que ela pode ser dita perfeitamente, semi-perfeitamente ou muito inadequadamente e ela ainda assim irá invocar as energias, contanto que você a diga com intenção. Você precisa usar a vontade. Quando você a disser, sua atenção deve estar focada no centro ajna entre as sobrancelhas. É a intenção da vontade ligada com a Hierarquia que faz isso. E ela deve ser dita em voz alta.

*Eu pertenço a um grupo de Meditação de Transmissão que começou três anos atrás. Ultimamente, a Grande Invocação tem sido omitida no começo da Transmissão.*

*Quando eu perguntei o porque, foi me dito que os Mestres agora sabem que nós nos encontramos neste horário e lugar. Nós ainda precisamos dizer a Invocação?*
Sim. Cada grupo, não importa o quanto tempo ele tem de existência, deve usar a Invocação. É lógico, os Mestres sabem que o grupo se encontra naquele horário e lugar, mas há um valor para as pessoas envolvidas em se dizer a Invocação. Além de qualquer coisa, ela fortalece suas ligações subjetivas com a Hierarquia.

# CAPÍTULO 3

## FORMANDO UM GRUPO DE MEDITAÇÃO DE TRANSMISSÃO

*Quais são os pré-requisitos para se formar um grupo de Transmissão?*
Um é o desejo de servir ao mundo – uma simples, altruísta motivação em servir. Não é um lugar para se procurar orientação individual, contato com os planos astrais ou mensagens de qualquer tipo. É simplesmente a doação de si mesmo ao serviço, agindo como um canal mental positivo através do qual as energias enviadas pelos Mestres podem ser diminuídas em freqüência.
Outro requerimento é regularidade e continuidade. O grupo deve sempre se encontrar no mesmo lugar e horário toda semana. Os Mestres precisam saber que cada segunda-feira por exemplo, em uma certa localidade, às oito horas da noite, ou outro horário que seja, eles irão encontrar um grupo de indivíduos prontos e dispostos a transmitirem as energias.
    O Cristo disse na Palestina: "Onde dois ou três juntam-se em Meu nome, lá eu estou." Isso é literalmente verdade no sentido energético. Onde dois ou três se juntam no nome dos Mestres (ou o Cristo como o Cabeça dos Mestres) para transmitir energia, esta energia irá fluir. Individualmente, você poderia fazê-lo, mas a beleza da formação grupal é que mais energia pode ser colocada de forma segura através de um grupo do que em indivíduos separados.
    Em Londres, nós nos encontramos três vezes por semana e transmitimos por muitas horas, dificilmente por menos de quatro. Nós tornamos uma regra que as pessoas cheguem às oito e então elas podem ir embora quando elas desejarem. Quando elas vão embora, elas

vão silenciosamente, sem perturbarem aqueles que ficam por mais tempo. Não termine em um determinado horário para o bem do menos concentrado, ou aquele que precisa ir embora mais cedo. Comecem juntos e terminem quando o fluxo de energia parar. No entanto, o livre arbítrio não deve nunca ser violado, então ninguém deve ser compelido à ir ao grupo ou para ir regularmente. Gradualmente você verá que você começará a adorar, e esperará ansiosamente pelo dia. Você deixa aquele dia de lado. Seja lá que outra coisa você precisar fazer, é secundário, porque esta é a sua noite de Transmissão. Novamente, os pré-requisitos são serviço, regularidade, continuidade e compromisso. Você precisa estar compromissado.

*Por favor, descreva passo a passo como se conduzir uma Meditação de Transmissão em minha casa.*
Tudo que você precisa é do desejo de servir e alguns amigos que também o desejem. Juntos, combinem um horário e local no qual se encontrar regularmente. Você pode também convidar alguém de um grupo existente para um encontro inaugural. Esta pessoa pode passar pelos procedimentos com o seu grupo.

Você precisa aprender a Grande Invocação de forma que você possa dizê-la como um grupo. Muitos grupos também usam fitas das mensagens do Cristo. Entre 6 de Setembro de 1977 e 27 de Maio de 1982, em meus encontros públicos em Londres, o Cristo deu uma série de 140 mensagens ao mundo através de mim. Nelas, Ele libera fragmentos de Seus ensinamentos, e procura evocar de Seus ouvintes o desejo por partilha e em fazer Sua presença conhecida. No momento que estas mensagens foram dadas, tremendas energias foram liberadas que foram magnetizadas nas fitas. Cada vez que essas fitas são tocadas, a energia é re-liberada. Isso eleva a consciência dos grupos que usam essas mensagens. Aqueles que não têm as fitas, podem ler uma ou duas das Mensagens juntos, em voz alta, antes da transmissão. Isso tem o mesmo efeito que invocar a energia da Hierarquia. É impossível, eu acredito, ler estas mensagens em voz alta com uma intenção séria sem invocar a energia do Cristo.

Então, você deve dizer em voz alta a Grande Invocação em um estado focado e atento. Assim que você faz isso, você cria uma ligação telepática com a Hierarquia dos Mestres. Enquanto estiver dizendo a Grande Invocação ou as Mensagens do Cristo, você deve manter sua atenção no centro ajna entre as sobrancelhas. Este é o centro diretor. Mantenha-a lá sem qualquer tipo de tensão durante a Transmissão. É muito simples. Erga sua atenção até que ela esteja entre as sobrancelhas.

Você descobrirá que sua atenção pode cair para o centro do plexo solar. Sua mente irá vagar. Assim que você perceber que sua atenção está vagando, silenciosamente fale o OM e seu foco irá volta automaticamente para o centro entre as sobrancelhas. Cada vez que sua mente vagar, silenciosamente fale o OM. Não medite sobre o OM, mas use-o para levar sua atenção de volta. Mantenha seus olhos fechados enquanto estiver meditando, porque é muito mais fácil, assim, manter sua atenção no centro ajna.

Através da Meditação de Transmissão, manter sua atenção entre as sobrancelhas garante um foco mental. Não se torne negativo e passivo, mas mantenha uma posição mental positiva muito focada. Você descobrirá que as próprias energias mantém a atenção elevada. O tempo passa muito rápido; uma hora irá parecer como quinze minutos. De fato, você perderá toda a noção de tempo. É importante estar relaxado, tanto fisicamente e mentalmente. É tudo isso que você precisa fazer. Os Mestres fazem o real trabalho.

Não é parte do plano Deles que você transmita essas energias para qualquer pessoa, grupo ou país em

particular. Por exemplo, alguém pode pensar: "Há uma terrível situação ocorrendo no Oriente Médio", e que ele deve direcionar seu pensamento para aquela área durante a Transmissão. Isso não é o que é necessário. Apenas os Mestres sabem em uma base científica, que energias, em que potências, e em que equilíbrio são necessárias em qualquer lugar em particular e em qualquer momento em particular.
Assim que o grupo estiver estabelecido, os Mestres sabem exatamente quem você é e onde você está. Eles vêem você de forma clarividente. Eles então enviam as energias através do grupo. É um processo altamente científico. Eles sabem o que aquele grupo pode absorver. Eles sabem que raios em particular ou tipos de energia compõem o grupo, que raios estão governando os indivíduos, e a manipulação de energia é de acordo com esse fato. Algumas pessoas irão absorver um conjunto de energias e algumas outro. Desta forma, os Mestres podem derramar Suas energias para o mundo. Eles precisam de tais transformadores para fazer isso.

*O que exatamente você quer dizer com "alinhando o cérebro físico com a alma"?*
Mais cedo ou mais tarde, nós precisamos chegar à um estado de alinhamento entre o cérebro físico e a alma. É isso que a meditação faz. Meditando, você gradualmente constrói um canal chamado "antahkarana", que é um canal de luz do plano físico até a alma. Simultaneamente, a alma está construindo a mesma ponte para baixo, em direção do físico. Este canal, quando formado, oferece uma ligação entre a alma e seu veículo, e vice versa. Este é o processo pelo qual o homem ou mulher gradualmente se torna um com a alma. A alma "controla" o veículo e reflete a si mesma através dele. Pelo uso do mantra OM e mantendo a atenção no centro ajna entre

as sobrancelhas, um alinhamento é criado entre o cérebro e a alma.

*O quão importante é o alinhamento para a Meditação de Transmissão?*
Muito importante. É o alinhamento entre o cérebro e a alma que permite que os Mestres, trabalhando do nível da alma, canalizem as energias através dos grupos. [*Nota do Editor*: Veja o Capítulo 9 "Mantendo o Alinhamento", para uma maior argumentação sobre a importância do alinhamento.]

*Existem algumas técnicas de respiração especiais que nós devemos usar durante a Meditação de Transmissão?*
Não. A respiração deve ser natural, leve, na altura do peito e silenciosa. Com experiência, você verá que a respiração se torna tão leve que ela praticamente para por períodos bem longos. Estes são freqüentemente terminados por um repentino, forte "suspiro" de tomada de ar.

*A Meditação de Transmissão está funcionando com nós a sentindo ou não?*
Se você está alinhado, sim. A Transmissão está vindo principalmente do nível búdico. Ela é rebaixada para nós pelos Mestres e nós a rebaixamos ainda mais. Alinhamento é necessário para transmitir.

*Por favor, explique a diferença entre usar o OM internamento e dizê-lo em voz alta.*
Se você disser o OM em voz alta, você leva a energia ao plano físico. Se você o disser internamente, você o está colocando nos níveis mais altos do plano astral, e se você pensar nele, você o coloca no plano mental.

    Os planos são estados de consciência, energias vibrando em certos pontos que nos tornam conscientes. Nós temos consciência do plano físico; portanto, o plano físico é uma realidade. Nós temos consciência do plano astral(emocional); e então, o plano astral é uma realidade. Nós temos, mais ou menos, consciência do plano mental; portanto os níveis mais baixos dele são uma realidade para a humanidade. O plano mais elevado é sempre mais poderoso do que o inferior. As pessoas pensam que o plano físico é o plano onde tudo acontece, mas na verdade, o plano físico é o plano menos poderoso no qual as energias operam. O OM corretamente dito internamente é na verdade mais poderoso do que ele corretamente dito no plano físico. Ele faz mais em um nível mais elevado.

No começo do encontro, vocês podem querer dizer o OM em voz alta juntos. Isso irá imediatamente elevar a vibração do quarto (Se você está em um quarto no qual você tem um grupo de Meditação de Transmissão constante, você não precisa fazer isso.)

Quando você diz o OM em voz alta, você na verdade está dizendo A-U-M; conforme você diz o A, ele está vibrando na base da coluna; quando você diz U, ele está vibrando no centro do coração, ou entre o plexo solar e o coração, dependendo de quem você é; e quando você diz M, ele está vibrando na cabeça. Se você diz AUM, você está levando todas essas vibrações juntas da base da coluna ao topo de sua cabeça. Este é o poder do AUM. Falar internamente o OM é usado não para levar a energia para baixo, mas simplesmente para ajudar a enviar a energia para o mundo. O OM é usado para colocar sua atenção no plano mental onde a energia pode então sair. Se sua atenção está focada abaixo no plexo solar, então a energia sai para o mundo no plano astral, e todas as nossas formas de pensamento astrais irão descolorir essas energias espirituais que nós transmitimos. Conforme sua atenção vaga, diga OM internamente para levar sua atenção de volta ao plano mental.

*Há perigo em se criar um estado hipnótico em continuamente dizer o OM se alguém tem dificuldade de se concentrar?*
Você não diz o OM continuamente, mas apenas para levar a atenção de volta ao centro ajna (entre as sobrancelhas) quando ela vaga. Em prática, você verá que as próprias energias ajudam a manter a atenção elevada.

*O método da "Sagrada Presença em nós mesmos" no coração, por exemplo, substitui a repetição do OM?*
Para algumas pessoas, sim. O problema é que as pessoas em geral não estão conscientes de seu ponto de evolução ou correto método de meditação neste ponto. É mais seguro e normalmente de mais valor focar a atenção no centro ajna e falar o OM para mantê-la lá. Este é o centro do coração na cabeça, o centro diretor, e o seu uso muda o foco da atenção para o plano mental.

*É melhor usar o OM durante a Meditação de Transmissão do que o seu próprio mantra?*
Eu aconselharia a confinar o uso de sua própria técnica de meditação, seja lá o que ela envolver, para aquela meditação, que normalmente seria de 20 minutos ou meia hora, duas vezes por dia. Durante a Meditação de Transmissão, por outro lado, use o OM. A maioria das meditações usando mantras são meditações de introversão, mas o trabalho de Transmissão é um tipo de meditação bem leve – ela não envolve de forma alguma introversão. Então, eu separaria as duas. Você verá que pelo estímulo dos centros, o trabalho de Transmissão irá fortalecer a meditação pessoal.

*Os mantras podem produzir efeitos ruins se não ditos corretamente?*
Sim. Mantras produzem seus efeitos em relação ao progresso (isso quer dizer, estado de consciência) de

quem o usa. Quanto mais avançado o utilizador dos mantras, mais poderoso e mais correto são os efeitos. O uso de mantras, no entanto, pode ter um efeito meramente hipnótico.

*Meus filhos, que têm quatro e dois anos de idade, dizem OM quando eles meditam porque eles imitam seus pais. Isso é perigoso?*
Não. Crianças falando OM o fazem em um nível tão ineficiente que não há nada o que se temer.

*Não há um perigo em se transmitir essas energias? E quanto a crianças e mulheres grávidas?*
Há um perigo inerente em toda meditação, é lógico. Estas são forças muito poderosas. As forças que você recebe de sua alma durante a meditação são muito poderosas, principalmente se você medita de uma forma dinâmica. A Meditação de Transmissão é uma meditação muito dinâmica, embora ela também seja a mais simples que eu conheço. Mas ela está totalmente sobre o controle dos Mestres. Eles são especialistas, e não enviarão através de seus centros, mais energia do que você pode de forma segura absorver.

A única condição é que nenhuma criança abaixo de 12 anos deve participar de uma Meditação de Transmissão, pela simples razão de que os centros de força, os chakras, de uma criança abaixo da idade de 12 estão ainda relativamente informes e instáveis, de forma que as energias poderiam lhe causar mal. Também não é aconselhável manter crianças ou bebês no mesmo quarto onde a Meditação de Transmissão estiver ocorrendo. Os Mestres precisam protegê-las das energias e é um gasto de Suas valiosas energias fazer isso.

Ela é segura para mulheres grávidas, até o nono mês, se elas estiverem saudáveis e a gravidez estiver normal. Na verdade, bebês no ventre parecem gostar das energias da Transmissão. Eles freqüentemente começam a chutar durante a Meditação de Transmissão.

*Toda semana há uma Meditação de Transmissão em meu apartamento e meu gato está lá. (1) Eu diminuo sua vida deixando-o no quarto? (2) Se sim, quanto que eu a encurto? (3) Ele evolui? E como? (4) Que influência as energias da Meditação de Transmissão têm nele?*
(1) Sim. (2) Cerca de 20 por cento. (3) Não. (4) Elas são de uma vibração muito alta para animais e causam tensão no corpo físico.

*A Meditação de Transmissão é para ser feita apenas por pessoas mentalmente estáveis e bem ancoradas?*
A Meditação de Transmissão deve ser feita, em princípio, apenas por pessoas mentalmente estáveis e bem ancoradas. Em casos específicos, ela pode beneficiar alguém que não necessariamente se encaixe nessas categorias, mas em geral, quando pessoas estão em um estado emocional altamente desequilibrado ou em uma condição psicótica, elas não devem participar no trabalho de Transmissão. As energias são muito elevadas e há um perigo de super-estimulação.

*(1) Como um paciente esquizofrênico eu cheguei em contato com o seu trabalho. Minha pergunta é se seria benéfico à mim me juntar a um grupo de Meditação de Transmissão? (2) Eu gostaria de encontrar alguma forma de serviço para ser de alguma utilidade à sociedade como um todo. Eu tomo medicamento para controlar minha condição. Você tem algum conselho geral para pessoas sofrendo de condições psicológicas similares?*
(1). Não. Ela poderia ser super-estimulante e criar problemas. (2) Ache algum campo mais exotérico de serviço no qual poderosas energias não estão envolvidas. Por exemplo, Oxfam, Greenpeace, Friends of the Earth, etc.

*(1) Uma pessoa diagnosticada como "bi-polar" seria capaz de servir em um grupo de Transmissão? (2) A Meditação de Transmissão ajudaria a estabilizar esta condição? Se não, por favor, explique.*
(1) Sim. (2) Provavelmente.

Já que não é uma xícara de chá para todo mundo participar em um grupo de Meditação de Transmissão, como você sabe se você é apto ou não? Apenas pela prática. É realmente um processo de auto-seleção. Você vai à um grupo de Transmissão ou forma um grupo, e a faz algumas vezes, e ou você se sente atraído por ela e a acha útil, satisfatória e realmente bem prazerosa, ou você a acha um tédio tão terrível que você nunca mais volta. Não há glamour, não há nada quanto ao que se conversar, não existem histórias, nenhum guru, nenhuma devoção. É um processo puramente objetivo, científico; é trabalho, uma ocupação. Você pode fazê-la em qualquer grau de intensidade – até três vezes por semana, por três ou quatro horas. É lógico, nem todos podem manter esta intensidade ou ritmo, então ela tende a ser um processo auto-seletivo. Aqueles que não podem fazê-la, mantém distância. Aqueles para os quais ela é natural, tendem a ser aqueles que a fazem.

Este é um ato de serviço. É serviço dado à você "em um prato". Muitas pessoas hoje querem servir. As pessoas dizem: "Eu desejo servir, mas eu não sei como começar." Bem, há um mundo para se salvar. Existem milhões de pessoas passando fome no mundo. Existem incontáveis milhões que estão em pobreza, e por aí vai. Há todo um mundo para se mudar, salvar e transformar. Então você não precisa ir além do que na porta ao lado para servir. Você não precisa ir além da sua sala de Meditação de Transmissão para servir. É serviço dado à você; a mais simples, fácil forma de serviço que existe. Eu posso atestar sua efetividade e sua simplicidade, mas ela não é para todos, porque algumas pessoas querem mais. Elas querem ter alguma coisa quanto ao que se conversar: "Onde eu estou? Quem sou eu? O meu guru me ama, ele não me ama? Ele é um guru mais elevado ou inferior? Ele é maior ou menor do que tal e tal? Você também sentiu aquela sensação maravilhosa quando ele olhou para você?" e por aí vai. Não há nada disso no trabalho de Transmissão – é um puro ato de serviço ao mundo, e então ele tende a ser auto-seletivo.

*Se uma pessoa está fechada ao esoterismo, o contato energético (na Meditação de Transmissão) pode ser estabelecido?*
Certamente. Este é um processo científico e ele não depende de "crença" ou conhecimento acadêmico.

*Eu posso de forma segura continuar a fazer exercícios de Reiki e também a Meditação de Transmissão (não simultaneamente)?*
Sim.

*Eu falo mantras budistas e faço visualizações; seria danoso continuar a fazê-los agora que eu comecei a fazer a Meditação de Transmissão?*
Não, de forma alguma, mas não simultaneamente.

*Eu estive fazendo uma prática Zen (foco no hara) a maior parte de minha vida adulta, e a Meditação de Transmissão (foco no ajna) por uma dezena anos. Eu acho que você disse que foco no ajna a todo momento é o método para se fazer/ manter o contato com a alma. Isso quer dizer que você precisa abrir mão da prática zazen e Zen em favor do foco no ajna se você espera evoluir em direção à um contato estabilizado com a alma?*
Em geral, sim, embora depende muito do indivíduo. Qualquer meditação é um método, mais ou menos científico, dependendo da meditação, para se fazer e

aprofundar o contato com a alma. Para a maioria dos aspirantes e discípulos de hoje, no entanto, o foco no ajna é aquele prescrito. Isso cria um alinhamento entre a personalidade e a alma que é essencial à união final desses dois aspectos de nós mesmos. Eventualmente, o centro ajna age como um sintetizador das energias dos centros abaixo dele.

*Se nosso chakras estão suficientemente abertos (por causa de razões kármicas) a Meditação de Transmissão (1) provocar uma melhora de nosso estado geral; (2) levar à uma piora de nossos problemas; (3) ser ineficiente; (4) levar à uma distorção dessas energias; (5) em resumo, nós devemos e podemos todos transmitir?*
(1) Sim. (2) Não. (3) Sim. (4) Não. (5) Sim. Todo o processo é altamente científico e sobre o controle dos Mestres cientistas.

*É necessário ter alcançado um certo nível para se beneficiar e servir através da Meditação de Transmissão?*
É um processo auto-seletivo em funcionamento, de forma que apenas aqueles suficientemente evoluídos para quererem servir serão atraídos para Meditação de Transmissão. Colocada esta condição de lado, nenhuma experiência especial é necessária para transmitir energias Hierárquicas desta forma.

*Existem humores ou estados mentais que impedem alguém de ter uma Transmissão útil?*
Sim. Condições de angústia, ódio (principalmente ódio), medo – em outras palavras, fortes, emocionais reações astrais não são benéficas para o tipo de alinhamento com alma que é necessário para a Transmissão. Por outro lado, se você conseguir fazer o alinhamento apesar da perturbação emocional, você descobrirá que as energias espirituais serão bem benéficas para neutralizarem este estado de mente.

*Qual é a importância de nos unirmos fisicamente para transmitirmos energia, ao invés de mentalmente nos conectarmos com outras pessoas como na meditação dos Triângulos?*

Os Mestres usam grupos porque mais energia pode ser passada de forma segura através de um grupo, e em uma potência mais elevada, do que através do mesmo número de indivíduos separados. O objetivo é o de formar um grupo de Transmissão através do qual um fator X mais de energia pode ser enviado do que apenas X através de indivíduos separados. Por exemplo, se uma pessoa estiver em Nova Jersey, outra em Nova York, e eu estivesse em Londres, e nós não nos conhecêssemos, mas estivéssemos todos agindo como transmissores de energia, os Mestres poderiam enviar através de cada um de nós uma certa quantidade de energia, seja lá quanto nossos centros pudessem suportar. Mas se nós nos reuníssemos como um grupo, nós criaríamos um triângulo. Os Mestres iriam enviar a energia através daquele triângulo, que iria potencializar a energia. Não seria simplesmente um, mais um, mais um. Seria um, mais um, mais um, mais um fator de potencialização pela circulação da energia pelos centros de nós três. Quando você tem um grupo de mais de três, existem múltiplos números de tais triângulos, que então criam outras formas geométricas. É uma ciência enormemente complicada – formações geométricas complicadas utilizando os centros dos indivíduos no grupo.

    Existem importantes fatores adicionais em muito níveis na reunião física do grupo. Isso também adiciona uma dimensão de vitalidade à Transmissão que de outra forma estaria em falta. Isso adiciona uma dimensão de identidade do grupo como um grupo. Isso contribui para o crescimento da alma do grupo que é um processo de longo prazo. Cria um elo de amor entre os membros do grupo, que, é lógico, é a melhor coisa que você pode fazer para você mesmo e para o grupo. É muito importante se reunir desta forma, do ponto de vista energético e psicológico, para a nutrição do grupo como uma unidade de consciência e como um veículo para o Amor do Cristo, agora e na era vindoura.

*Se um membro de um grupo de Meditação de Transmissão não pode participar em uma ocasião em particular, ele ou ela pode se "ligar" ao grupo?*
Se um membro não pode participar por uma razão importante, então ele ou ela pode ligar-se mentalmente com o grupo. Visualize o grupo sentado em seu lugar costumeiro. Visualize os membros individuais do grupo e veja a si mesmo sentado como um membro daquele grupo. Quando você disser a Grande Invocação, você verá que você está ligado à Transmissão e o grupo irá prosseguir quase como se você estivesse lá. Mas você não deve fazer isso muito freqüentemente. É difícil formar uma identidade grupal quando vocês apenas ocasionalmente se encontram um com os outros.

*Se apenas duas pessoas estão interessadas em forma um grupo de Transmissão, o que nós devemos fazer?*
Então você terá a Meditação de Transmissão com duas pessoas. É possível fazer a Transmissão sozinho também. Mas, é lógico, uma quantidade menor de energia pode ser colocada através de uma pessoa, ou através de duas pessoas. Ser um triângulo potencializa as energias de forma bem reconhecível.

     Você pode mentalmente se ligar com outros grupos que estão se encontrando no mesmo horário. Existem grupos de Transmissão agora pela maior parte do mundo. A Transmissão está fundamentalmente ocorrendo no nível da alma. Seja quando ou onde você a estiver fazendo, você será ligado à uma corrente de luz que está sendo formada pelo Cristo e os Mestres através do mundo no nível da alma.

*Existem pessoas o suficiente para se formar um grupo, ou nós devemos almejar por mais?*

Três constitui um triângulo e portanto uma potencialização das energias enviadas, e é a unidade básica, mas o grupo deve ser expandido se possível. Mais energia pode ser enviada de forma segura através de um número maior de transmissores. Resumindo, quanto mais, melhor.

O exemplo seguinte irá mostrar claramente o quão importante é para cada membro sempre participar de encontros de Meditação de Transmissão. Um grupo de três pessoas irá criar um triângulo, e quatro pessoas irão criar quatro triângulos. Cinco pessoas irão criar 10 triângulos, seis criam 20, sete criam 35, oito irão criar 56, nove irão criar 84, 10 criarão 120, e por aí em diante. Portanto, quanto maior o número de pessoas em um grupo, de forma mais potente o grupo pode trabalhar. Da mesma forma, cada membro que ou sai cedo ou não participa, enfraquece o poder do grupo dramaticamente. A participação de cada pessoa é portanto de muito valor.

[*Nota do Editor:* A Coluna A representa o número de pessoas em um grupo de Transmissão; a Coluna B indica o número de relações de triângulo resultante. A Coluna C mostra o número de triângulos que serão perdidos quando o número atual de pessoas for reduzido por um (quando uma pessoa deixa a Transmissão).]

| A | B | C | A | B | C |
|---|---|---|---|---|---|
| 5 | 10 | 6 | 100 | 161,700 | 4,851 |
| 10 | 120 | 36 | 110 | 215,820 | 5,886 |
| 20 | 1,140 | 171 | 120 | 280,840 | 7,021 |
| 30 | 4,060 | 406 | 130 | 357,760 | 8,256 |
| 40 | 12,000 | 741 | 140 | 447,580 | 9,591 |
| 50 | 19,600 | 1,176 | 150 | 551,300 | 11,026 |
| 60 | 34,220 | 1,711 | 160 | 1,313,400 | 19,701 |
| 70 | 54,740 | 2,346 | 170 | 4,455,100 | 44,551 |
| 80 | 82,160 | 3,081 | 180 | 10,586,800 | 79,401 |
| 90 | 117,480 | 3,916 | 190 | 20,708,500 | 124,251 |

*Que diretrizes nós devemos utilizar para deixar as pessoas entrarem em nosso grupo de Transmissão?*
Eu acredito que todos os grupos devem ser abertos. Isso não quer dizer que você deve sofrer nas mãos dos tolos ou daqueles que quebrariam o grupo, mas ela é tão entediante para este tipo de pessoa, que elas não vão de qualquer forma. É apenas trabalho. Não é fácil ficar sentado e se concentrar, e você de fato se concentra, mesmo que apenas no centro ajna, por muitas horas. É difícil para as pessoas dizerem: "Não, você não pode vir neste grupo." No entanto, semelhante atrai semelhante. Quando alguém vem que é incompatível, ele tende a não ficar, porque se você trabalha intensamente e com concentração, o ritmo é normalmente muito forte para a pessoas que não tem a concentração. Mas para aqueles que de fato permanecem, você precisa superar as diferenças de personalidade.

  Eu recomendo que você deixe o grupo o mais aberto possível ; que se as pessoas quiserem vir, deixe-as vir, mesmo que não sejam todas as vezes. Se elas vierem algumas vezes, conseguirem alguma coisa dela, e não perturbarem o grupo, eu deixaria isso prosseguir assim. É muito importante não infringir o livre arbítrio. Você deve fazer isso de seu próprio livre-arbítrio. Isso é serviço e você não pode forçar as pessoas a servirem. De tempo em tempo, sem qualquer tipo de pressão, você pode tornar conhecido que é uma coisa boa vir o mais freqüentemente possível, mas você precisa deixar isso ao critério delas. Eu também encorajaria as pessoas a trazerem amigos juntos se elas já fizeram meditação e se parecem simpáticas à ela. Uma coisa importante é que as pessoas devem sentir que elas podem deixar o grupo em qualquer momento e não se envolverem mais com ele. Elas também devem ter a opção de deixarem a própria meditação seja lá em que momento elas quiserem.

*Eu ouvi de um amigo que há um grupo de Meditação de Transmissão aqui na Bélgica no qual o "líder" está colocando pressão sobre as pessoas para continuarem em seu grupo, mesmo que elas desejem deixá-lo. Ele mais ou menos ameaça elas com consequencias kármicas ruins se elas o deixarem. Eu acho que isso não é certo. Qual é a sua opinião sobre isso?*
Isso, se verdade, é uma séria violação da lei do livre arbítrio. Ninguém deve nunca sofrer pressão ou ser emocionalmente chantageado para participar de grupos de Transmissão. Existem também muitas tão chamadas organizações da Nova Era que empregam estes métodos questionáveis para continuar com seus adeptos.

*Recentemente, eu tentei me juntar a um grupo de Meditação de Transmissão, cujo nome e endereço foram mencionados na* **Share Holanda.** *As pessoas lá me contaram que elas não podiam me deixar entrar, porque de acordo com elas, eu não tenho experiência o suficiente para fazer este tipo de meditação. Você autorizou grupos a julgarem a habilidade dos candidatos a realizarem a Meditação de Transmissão? Eles seriam tão evoluídos a ponto de serem capazes de saber?*
Não, eu não autorizei ninguém a fazer tal julgamento. Eu sempre apresentei a Meditação de Transmissão como uma forma de serviço aberto para qualquer um acima de

idade de 12 anos, não precisando de nenhuma experiência ou perícia. É lógico, qualquer grupo tem o direito de excluir aqueles que eles acham que podem não ser compatíveis. Talvez este tenha sido o caso aqui e isso tenha sido erroneamente interpretado.

*É necessário que durante a Meditação de Transmissão uma pessoa deva guiar a meditação? Você poderia comentar, por favor?*
É totalmente desnecessário. A Transmissão é dada pelos Mestres através do grupo, e não há líder em qualquer grupo na Meditação de Transmissão. Ela é para qualquer um, no mesmo nível, seja lá quem a faça.

*Por quanto tempo nós devemos transmitir?*
Grupos variam enormemente na quantidade de tempo que eles ficam sentados na Meditação de Transmissão – de meia hora à cinco, seis ou sete horas, uma vez, duas ou três por semana. Eu conheço grupos que começam as 7:00 e terminam as 7:30, então eles tomam chá, comem bolo e conversam, e eles estão bem orgulhosos por estarem em um grupo de Meditação de Transmissão, meia hora por semana. Alguns acham que eles precisam começar em um certo momento e terminar em um certo horário, todos juntos. Este não é o caso. É importante e útil que um grupo comece a Meditação de Transmissão ao mesmo tempo, mas não há nenhuma razão pela qual a duração da Transmissão deva ser regulada pela habilidade de concentração do membro mais fraco. Muitos líderes de grupo me disseram: "Mas eles não ficam sentados por mais tempo, eles se cansam depois de uma hora; eles querem ir para casa e tomar chá." Então ela deve ser aberta. Aqueles que desejarem ficar mais, devem ser capazes de ficarem mais, e aqueles que querem ir, podem ir.

    Quanto maior o número no grupo, mais a energia pode ser potencializada. A energia não é enviada individualmente através dos membros do grupo. Se você tem três pessoas, isso compõem um triângulo; se você tem seis pessoas, isso cria vários triângulos, e é através dessas formações triangulares, que podem ser expandidas para estrelas e várias formas geométricas, que os Mestres enviam a energia. Obviamente, cada vez que alguém sai do grupo para ir para casa, o grupo é enfraquecido. Mas ainda é melhor para a Transmissão continuar com menos pessoas por um período maior, do que todo o grupo continuar por um período bem curto.

Eu sei que as pessoas algumas vezes precisam vir de longas distâncias, e que elas querem se reunir socialmente depois, então elas querem manter o trabalho de Transmissão curto em tempo. Mas é mais importante dar tempo à Transmissão do que conversar com o grupo. Isso pode ser agradável, mas não é serviço, e o trabalho de Transmissão é serviço. Mas todos têm o direito total de deixarem o encontro do grupo silenciosamente em qualquer momento e deixar os outros continuarem.

Eu sugeriria uma hora como um mínimo, almejando aumentar gradualmente para três ou quatro horas, ou por quanto tempo as energias fluírem.

*Desde que nós aumentamos o tempo de nossa Meditação de Transmissão (e decidimos fazê-la até o final, ao invés de bebermos chá depois da Transmissão), muitos de nosso grupo pararam de participar nas Transmissões. É melhor, portanto, fazer novamente Transmissões mais curtas, e talvez atraí-los uma vez mais ao trabalho de Transmissão?*

Por que não convidar todos para uma discussão quanto a esse problema? Certamente, algum tipo de compromisso entre Transmissões até o fim e socialização pode ser criado entre vocês.

*Eu tenho um grupo de Meditação de Transmissão em minha casa. Quando os outros vão embora, eu posso continuar a transmitir sozinho depois que eu mostrei à eles o caminho para fora, ou eu preciso de três pessoas para continuar?*
Algumas vezes, um é deixado sozinho, e não há problema com isso. Você permanece sentado por quanto tempo as energias fluírem. Mas por que você precisa levantar para mostrar à eles o caminho para fora? Deixe que eles mesmo encontrem a saída!

*Eu sei que alguns grupos apenas fazem a Meditação de Transmissão três vezes por semana; nós a estivemos fazendo cinco ou seis vezes por semana e achamos que ela funciona muito bem. Nós deveríamos sugerir isso para outros grupos?*
As pessoas têm livre arbítrio, é lógico, mas foi declarado desde o começo (Março de 1974) pelo meu Mestre (Que introduziu a Meditação de Transmissão) que três vezes por semana é o ritmo recomendado.

*Foi nos dito que quanto maior a quantidade de Meditação de Transmissão que nós fazemos, mais rápido nós crescemos espiritualmente. Isso é verdade?*
Absolutamente não. Não é verdade dizer: "Quanto maior a quantidade de Meditação de Transmissão que nós fazemos, mas rápido nós crescemos espiritualmente." Isso é fanático e extremo. Regularidade e alinhamento são essenciais, enquanto eu sugeriria três a quatro horas, duas ou três vezes por semana um bom ritmo a se almejar.

*É possível participar de um grupo de Meditação de Transmissão em estado de sonho?*
Não. Não é possível participar de uma Meditação de Transmissão e adormecer. Se você está cochilando por apenas alguns segundos, a Transmissão ainda

continuará. Mas quando as pessoas de fato dormem, elas não estão participando da Transmissão, não importa o que você possa estar sonhando. O sonho é uma atividade do plano astral e dos planos mentais inferiores. A Transmissão está ocorrendo no plano mental superior. Mas as pessoas de fato dormem durante a Meditação de Transmissão. Isso acontece a todo o momento, em todos os grupos. Algumas dormem por pouco tempo, e algumas passam a maior parte do tempo dormindo. As energias – por causa de sua potência e a não familiaridade das pessoas com elas – as abatem, assim dizendo. Mas elas gradualmente se acostumam com as energias. Se torna cada vez menos necessário à elas dormirem, principalmente se elas escolhem um dia quando elas não estão tão cansadas. Manter a atenção elevada é cansativo se você não fez isso antes, mas para qualquer um que já meditou de alguma forma, isso não é tão difícil. Você verá que as próprias energias ajudam você a se concentrar.

*É possível meditar com sucesso deitado?*
É possível, mas para mim não é a melhor posição para meditar. É muito fácil dormir!

*Por que nós devemos sempre transmitir de noite e não na manhã quando nós estamos em nosso melhor estado?*
A maioria dos grupos de Transmissão se encontram de noite, já que a maioria das pessoas trabalham durante o dia. Mas não há nada que impeça alguém de fazer o trabalho de Transmissão na manhã. As energias da Hierarquia estão disponíveis a todo momento. Eles nunca fecham a loja.

*Por que nós devemos transmitir no escuro? É muito fácil dormir.*
É lógico, não é necessário transmitir no escuro. O ponto é que a maioria das pessoas conseguem se concentrar

melhor com uma luz suavizada. Não há outra razão pela qual você não deva transmitir em plena luz do dia, como nós freqüentemente fazemos durante oficinas de Meditação de Transmissão

*Na Meditação de Transmissão, ao invés de instruções verbais da parte de uma pessoa durante a meditação, é aceitável usar um sino par re-focar a atenção?*
Se é aceitável para aqueles presentes, é aceitável, mas para mim, não é uma idéia muito boa. O lembrete verbal de manter o foco no centro ajna funciona melhor por causa da referência específica ao centro. Não há associação deste tipo com o som de um sino. Eu acredito que as pessoas iriam rapidamente se acostumar com o sino e ignorá-lo – ou mesmo não ouvi-lo.

*É possível mudar seu ponto de encontro depois de algum tempo se não é possível continuar?*
Sim. A coisa essencial quanto a Meditação de Transmissão é a sua regularidade, que você esteja no mesmo horário, no mesmo dia, no mesmo lugar toda semana, seja isso uma vez, duas vezes ou três vezes por semana de forma que os Mestres saberão que Eles encontrarão um grupo pronto a ser usado como canais para Suas energias. Uma vez que o grupo está formado, os Mestres conhecem os indivíduos ligados a ele. Eles podem vê-lo de forma clarividente. Eles vêem exatamente o estado dos centros, chakras, a luz que cada indivíduo e que portanto cada grupo irradia, e Eles podem achá-lo. Mas eu acho que você não deve mudar o local de encontro toda semana. Dê à Eles uma chance!

*É possível fazer uma pausa durante a Transmissão?*
É perfeitamente permitido fazer uma pausa por alguns poucos minutos se você quiser, e então transmitir novamente.

*Se um novo grupo começar, isso quer dizer que o Mestre precisa ser informado quanto a isso?*
O Mestre não precisa ser informado de nada. Grupos automaticamente recebem as energias quando eles falam a Grande Invocação. A Grande Invocação foi dada para invocar essas energias; é para isso que ela serve. Mas se um novo grupo for formado nos Estados Unidos, por exemplo, você deve informar à Share International USA. Então eles saberão que você está na rede, e quando alguém ligar à eles e dizer: "Eu estou em Arkansas e eu estou procurando por um grupo de Meditação de Transmissão", eles podem informá-lo de quaisquer grupos em sua lista que estão nesta área.

*Alguns dos grupos que eu conheço têm o hábito de queimar incenso durante a Meditação de Transmissão. Incenso não contém nicotina, mas (1) sua fumaça é verdadeiramente inofensiva no que diz respeito a efeitos na saúde? e (2) ele melhora a própria Transmissão?*
(1) Não. Ela pode ser irritante para sofredores de asma e condições bronquiais. (2) Não.

*(1) A doença infecciosa é uma ilusão? (2) Você poderia explicar por que você pede para as pessoas manterem distância da Meditação de Transmissão se elas estiverem gripadas?*
(1) Do ponto de vista mais elevado, talvez, a doença infecciosa ou de outro tipo, seja uma ilusão. No plano físico, se você tem uma doença, ela não é uma ilusão – é melhor você ir ver um médico, e tomar seus remédios. A gripe não é uma ilusão. Epidemias de gripe trouxeram doença e morte para milhões, principalmente em períodos de grandes crises e estresse, ou depois das privações da guerra. (2) No plano físico, se a doença é infecciosa, você pode se tornar uma fonte de doença para aqueles que você encontra, dependendo da força de seus sistemas imunológicos. Como os sistemas

imunológicos de todo mundo estão esgotados e sobre estresse devidos aos efeitos da poluição global, todos têm uma responsabilidade de não infectar seus colegas e outros de forma geral. Por esta razão, é irresponsável ir à Meditação de Transmissão (ou qualquer outro grupo de contato) enquanto se está sofrendo de gripe ou resfriados infecciosos. Não se está pensando no grupo quando se faz isso.

*Em nosso grupo de Meditação de Transmissão, alguém ronca por toda a Transmissão. As palavras, "Diga o AUM, mantenha a atenção alta", são ditas periodicamente pela noite, mas a pessoa volta imediatamente a roncar. Pouco tempo atrás, foi dito à esta pessoa que ela estava roncando, e isso pareceu ajudar por um tempo, mas logo o ronco voltou. Você tem alguma sugestão sobre o que nós podemos fazer, já que isso distrai algumas pessoas, e outras podem não conseguir continuar a meditação por causa do constante ronco.*

Peça para ele sair do grupo.

# CAPÍTULO 4

## EXPERIÊNCIAS DURANTE A TRANSMISSÃO

*Quando você está sentado no grupo de Meditação de Transmissão canalizando a energia, você experiencia sensações físicas?*

Depende de quem você é. A maioria das pessoas têm uma forte experiência física da energia no corpo etérico, que é de matéria mais fina, sútil, do que o corpo físico denso. As pessoas podem experienciar isso como vibrações quentes e frias no etérico. Elas podem, se elas forem sensíveis, experienciar a energia em um chakra em particular, o coração ou o da garganta, por exemplo Nem todos têm esta sensibilidade para com a vibração. Algumas pessoas dizem que elas realmente não sentem as energias. Elas sabem que elas estão lá, elas as experienciam de alguma forma; mas elas não as sentem. Elas dizem: "Eu não sei quando começa ou quando termina, eu depondo de outras pessoas me contarem". Mas por suas reações, eu posso dizer que elas de fato sabem quando começa ou termina.
 Um homem em nosso grupo ouve as energias. Conforme eu digo que energia está vindo, ele ouve uma nota diferente. Outra pessoa vê constantes ondas de cores. Então, existem formas diferentes de experienciá-las. Depende de seu próprio tipo particular de resposta às vibrações – mental, visual, auditório ou sensório. Eu mesmo sinto elas tão fortemente, que eu acho difícil entender por que outras pessoas não, mas eu sei que elas não as sentem. Algumas pessoas têm este tipo de corpo físico – elas simplesmente não estão conscientes das mudanças de energia ou da vibração dos centros etéricos.

*A maioria das pessoas em grupos de Meditação de Transmissão parecem ser capazes de sentir as energias fisicamente de alguma forma. Já que eu pareço ser incapaz de fazer isso, você pode sugerir qualquer forma na qual eu poderia tentar me tornar mais consciente de meu corpo etérico?*

As pessoas variam enormemente em sensibilidade física para com as energias. Isso normalmente se desenvolve naturalmente pelo tempo nos grupos de Meditação de Transmissão. Não tente tanto "sentir" as energias. Em outras palavras, relaxe.

*Em minhas contemplações diárias, eu freqüentemente tenho experiências bem elevadoras. Eu não me sinto elevado depois da Meditação de Transmissão. (1) Isso quer dizer que ela não funciona para mim? (2) Eu deveria, portanto, parar de fazer a Meditação de Transmissão?*

O objetivo da Meditação de Transmissão é serviço, não elevação. Eu não conheço aquele que fez a pergunta, mas mesmo assim, eu sugeriria que a experiência de "elevação" experienciada durante "contemplações diárias" é o resultado de sua aspiração astral, provavelmente com algum grau de energia vinda do coração. A Meditação de Transmissão é um processo científico pelo qual as energias da Hierarquia são transformadas – diminuídas em freqüência – e tornadas disponíveis de forma geral para a humanidade. Ela trabalha nos níveis mentais e não envolve "experiências", elevadoras ou de outro tipo.

No entanto, talvez porque elas sejam de alguma forma mais astralmente polarizadas, muitas pessoas de fato dizem achar a Meditação de Transmissão muito "elevadora" e recompensadora. (1) Não, de forma alguma. (2) Meu conselho seria o de continuar – sem procurar por "experiências".

*Por que, durante a Meditação de Transmissão, algumas vezes as energias parecem de fato muito poderosas, e em outras vezes, você sente muito menos ou nada?*

Pode ser que, no momento em particular quando você não está sentindo nada, as energias que estão sendo enviadas através dos outros membros do grupo não estão sendo enviadas através de você, porque elas não estão em sua linha em particular. Grupos são compostos de pessoas de diferentes linhas ou tipos de raios.

Existem sete grandes raios que saem de sete estrelas na Ursa Maior, e cada um de nós está em um desses raios. O raio de nossa alma, o Ser Superior, será o mesmo por toda a nossa existência. O raio da personalidade pode mudar de vida para vida.

O 1º raio é o raio da Vontade, Poder, ou Propósito; o 2º é o raio do Amor-Sabedoria; o 3º, o raio da Inteligência Ativa, da Mente Superior; o 4º é o raio da Harmonia Através do Conflito, ou Beleza; o 5º é aquele da Mente Inferior ou da Ciência Concreta; o 6º é o raio do Idealismo Abstrato ou Devoção; e o 7º, que é o raio vindo em potência agora nesta Nova Era, é o raio da Ordem Cerimonial, Magia, Ritual, ou Organização. Nós estamos, todos nós, em um destes raios, como almas e como personalidades. Nossos corpos mentais, nossos corpos emocionais e nossos corpos físicos estão também cada um em um desses raios. Nações têm almas e personalidades, assim como seres humanos têm e também estão nestes raios, tanto como almas e como personalidades.

Os Mestres estão em controle de todos os raios. Existem sete grandes ashrams ou grupos na Hierarquia, com um Mestre na chefia de cada, e existem 42 ashrams subsidiários saindo desses sete grandes – 49 ashrams no total. Cada linha de sete é governada por, e utiliza a energia de um desses sete raios. Nos grupos de Meditação de Transmissão, as pessoas tenderão a ser de uma de duas estruturas de raio, a linha 2-4-6 ou a linha

1-3-5-7. Se, por exemplo, você é uma alma do 2º raio com uma personalidade do 2º raio, então é bem possível que as energias do 1º e 7º raios estarão fluindo em um momento em particular através de alguns membros do grupo, mas você não as estará recebendo. Você irá experienciar um hiato naquele momento. Então, a energia irá fluir novamente, mas será a sua linha dessa vez, a linha 2-4-6.

Pode ser que no momento no qual você não está sentindo nada, você não está alinhado, ou apenas tão cansado que você não responde à vibração. Existem também picos e depressões no envio das próprias energias. Além, energias muito elevadas podem estar além de seu alcance de sensibilidade, porque elas vêm dos planos mentais mais elevados e acima. As pessoas respondem de forma muito diferente. Mas o fato de que você não sente nada, não quer dizer que você não está transmitindo energia. [*Nota do Editor:* Para mais informação sobre os sete raios, ver *A Missão de Maitreya*, Vols. 1,2 e 3, por Benjamin Creme.]*

*Nota do Tradutor: Apenas o volume 1 foi até o momento traduzido para o português.

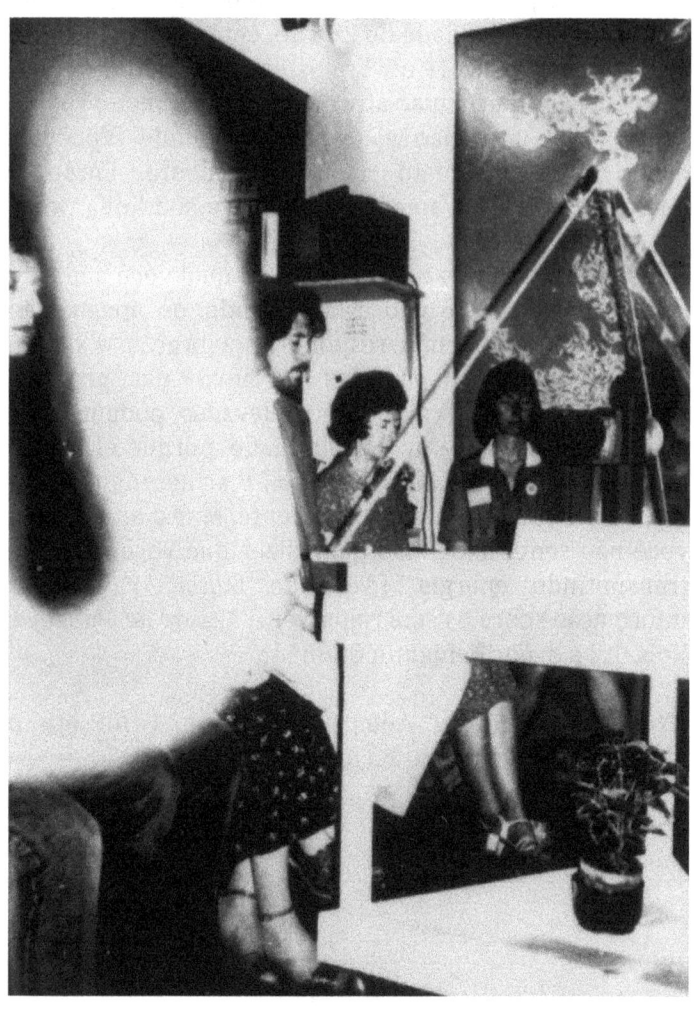

Um notável fio de luz pode ser visto na esquerda da fotografia. Neste caso, energia espiritual, vindo através das pessoas e então transmitida através do tetraedro, se tornou visível.

*Freqüentemente, durante a Meditação de Transmissão, eu vejo cores luminosas bem brilhantes, normalmente azuis ou roxa, algumas vezes dourada. Você poderia por favor dizer o que isso significa?*
Elas são manifestações visuais das energias transmitidas durante a meditação.

*Por que as pessoas têm a experiência de que a energia da Transmissão é diferente em noites diferentes?*
Eu acho que existem dois fatores aqui. Um, é o de que as próprias energias podem ser diferentes, terem diferentes qualidades que têm um efeito diferente em você. O outro, é o de que as pessoas variam de noite para noite por causa dos padrões de trabalho ou pressão da atmosfera; elas estão mais ou menos cansadas, mais ou menos vitalizadas, e portanto, provavelmente absorvem, quando a vitalidade está baixa, menos das energias do que em outros momentos. O potencial de energia está exatamente em proporção à tensão espiritual. Obviamente, as pessoas que são mais avançadas em evolução irão absorver e transmitir energia de uma potência mais elevada do que aquelas que são menos evoluídas. Elas têm maior tensão espiritual.

    Nossa própria tensão espiritual varia de dia para dia. Então, de alguma forma, nós iremos receber uma potência em particular da energia um dia, e mais ou menos em outro dia. A tensão do grupo é composta da soma total das tensões individuais.

    Além, as próprias energias são enviadas e levadas abaixo pelos Mestres em níveis diferentes. A energia uma noite pode não parecer forte de forma alguma, não porque ela não está sendo enviada poderosamente, mas porque ela não está sendo recebida sensivelmente. Ela pode ser tão elevada que o aparato dos membros do grupo não podem senti-la. A mesma energia, levada abaixo ao nível mais inferior, eles sentem poderosamente porque são sensíveis a ela no nível inferior. Quanto mais inferior o plano, mais nós sentimos a energia. Nós apenas pensamos o que nós sentimos fortemente como sendo forte, mas isso depende do instrumento. Isso normalmente não tem relação com a força ou não da energia, embora possa ter.

*Algumas das reações físicas durante a Meditação de Transmissão como tossir, significa que existe um bloqueio em nosso corpo físico?*
Sim, elas normalmente significam. Durante a Meditação de Transmissão, muitos indivíduos têm uma forte cócega na garganta, fazendo-os tossir. Isso acontece em todos os grupos. É uma estimulação do centro da garganta, causada pelas energias vindouras. Há um bloqueio no fluxo de energia através do centro da garganta, e o melhor a se fazer é ter um pequeno copo de água embaixo de sua cadeira e tomar um gole.
Também, verifique quando a garganta está tensa. Se ela está, visualize o centro e ejete a energia dele. Visualize um canal saindo do centro e esvazie-o. Visualize a energia a partir da parte de trás do pescoço até o centro da garganta, e para fora pela parte da frente, para limpar o bloqueio.

*O que causa um bloqueio em um centro de energia?*
Os centros de energia estão no corpo etérico, uma contraparte do corpo físico. Eles estão ligados ao canal no centro da coluna (o sushumna) e passam pela frente como cones de energia se encontrando na coluna. As energias entram de um lado e saem do outro, mas como uma corrente em movimento, não fixa. Se a energia está parada, ela irá produzir uma inflamação, uma estase. Se por exemplo, os músculos da garganta estão contraídos pela não utilização da energia fluindo da alma através do centro da garganta, então você pode ter um bloqueio no centro da garganta.

Aqueles que meditam, inevitavelmente invocam energia da alma. Você constrói o antahkarana, o canal para a alma, e através deste canal, a energia da alma flui para vários corpos – mental, astral e físico – e se ela não for usada pelo discípulo em atividade de serviço, ela fica parada nos centros. Você pode dizer: "Bem, eu estou servindo, eu estou servindo 20 horas por dia," mas você serve nas linhas correta? O serviço está na sua própria linha de menos resistência? Você serve de tal forma que você está usando a energia, servindo no sentido físico, quando você na verdade deveria estar servindo através do uso da palavra escrita ou falada? Existem tipos diferentes de serviço e você precisa usar cada parte de si mesmo. Algumas pessoas serão melhores em um aspecto e outras em outro, mas é o uso de uma forma equilibrada de todas as energias entrando a partir alma que impendem esses bloqueios.

*(1) Eu li que os chakras estão no corpo de energia e situadas pela coluna; o centro ajna também tem um chakra por uma continuação da coluna – na parte de trás das minha cabeça? (2) Se não, e se o centro ajna está apenas na parte da frente da cabeça, como que eu sinto uma sensação na parte de trás da minha cabeça durante a meditação? (3) Eu li que o centro ajna está entre as sobrancelhas; isso quer dizer exatamente no começo do meu nariz ou mais alto do que isso? (4) Onde ele está precisamente, por favor?*

(1) Não. (2) O que você está sentindo, provavelmente, é a vibração da energia no chakra da garganta. (3) Entre as sobrancelhas, acima do começo do nariz. (4) Entre as sobrancelhas – a não ser confundido com a posição do terceiro olho no meio da testa.

*Quando eu estou me concentrando em alguma coisa em minha vida diária, eu algumas vezes sinto um formigamento na parte de cima da minha cabeça ou sinto*

*como se energia estivesse entrando em mim. Eu estou transmitindo?*
As pessoas sentem energia entrando espontaneamente de tempo em tempo. Isso normalmente não é uma Transmissão. O que você está realmente experienciando, 99 vezes em 100, é energia da sua própria alma. A maior parte do tempo, a nossa alma está em meditação em direção à Mônada, o aspecto Espírito. De tempo em tempo, ela volta sua atenção em direção ao homem ou mulher em encarnação, seu veículo. Quando ela o faz, e principalmente com uma pessoa evoluída que está engajada em meditação e serviço, e é um aspirante, discípulo ou iniciada, ela ofusca o seu reflexo. Ela derrama sua energia no veículo, seja no mental, o astral, ou no plano físco-etérico, ou em uma combinação de todos os três.
 Então você tem aquela sensação que é algo como uma Transmissão, mas não é. É a alma, e isso realmente é sentido de forma bem diferente de uma Transmissão. Isso é sentido como se você tivesse uma touca sobre a sua cabeça, e vem bem de cima até entre as sobrancelhas. É como se fosse uma grande faixa toda ao redor da sua cabeça, mas ela está dentro. Quando isso acontece, você sabe que é a sua alma. Você aprende as diferenças entre vibrações. Existem três vibrações distintas – a vibração Ashramica, a vibração do Mestre e a sua vibração da alma – e você precisa diferenciar entre elas. Primeiro, você precisa conhecer a sua própria alma. Ela tem uma vibração específica e ela não parece de forma alguma com a sensação na sua cabeça durante a Meditação de Transmissão.
 Na Meditação de Transmissão as energias são colocadas através dos chakras pelos Mestres e você não tem nenhum controle sobre elas. Você é como se fosse um instrumento com buracos nele, e a energia passa através dos buracos e saem para o mundo transformadas, diminuídas em freqüência. Então, a

Transmissão é uma coisa bem diferente da energia da alma. Você pode também sentir a energia do Cristo, ou as energias dos raios, e todas elas são sentidas de forma diferente em sua aura, nos centros etéricos. Conforme você se torna mais sofisticado neste processo, você aprende a discernir entre as diferentes energias.

*Eu estive experienciando esta sensação de estímulo da alma cada vez mais freqüentemente, algumas vezes durante minha meditação (pessoal e Transmissão), e freqüentemente apenas em períodos aleatórios, e eu sou algumas vezes capaz de invocá-la à vontade. O que exatamente significa quando isso ocorre, e há uma atitude de mente ou visualização a ser usada nestes momentos?*
A alma alterna sua atenção entre a Mônada (para cima) e seu próprio reflexo, o homem ou mulher em encarnação. Isso ocorre ciclicamente, e estes ciclos variam tanto individualmente como durante qualquer vida em específico.

Existem ciclos de intenso estímulo da alma (em resposta à meditação, aspiração espiritual e serviço) e ciclos de relativa quietude.

Não há atitude especial de mente ou visualização (a não ser consciência do evento) a ser seguida nesses momentos.

*Quando eu sinto energias muito fortes, por exemplo, quando eu leio as Mensagens de Maitreya, como eu posso dizer se é da alma, um Mestre, ou eu ouso esperar, Maitreya?*
É impossível ler as Mensagens de Maitreya, ou dizê-las em voz alta, sem invocar Sua energia. Esta é uma das razões pelas quais elas foram dadas. É difícil falar sobre as energias em geral – é realmente uma questão de experiência e discriminação. É normalmente mais correto aceitar que a energia é de sua própria alma.

*Quando nós fazemos Meditação de Transmissão, o processo de pensamento para imediatamente?*
Não. A natureza da mente inferior é pensar; esta mente de macaco fica dando saltos a todo o momento. Mas existem várias técnicas para diminuir a atividade da mente, a melhor sendo desacelerar a respiração. Você verá que a respiração e o pensamento vêm da mesma fonte. Conforme você desacelera a respiração, você diminui o pensamento. Quando você desacelera o pensamento, você desacelera a respiração. Os dois processos funcionam juntos. Você não precisa parar de pensar para poder transmitir energia. Tudo que você precisa fazer é estabelecer um alinhamento entre o cérebro físico e a alma.

*Os nossos pensamentos obscurecem o canal de alinhamento durante a Meditação de Transmissão?*
Sim, mas isso não quer dizer que se você está pensando, você não está transmitindo. É uma questão de grau. Assim que o alinhamento entre o cérebro físico e alma é feito, a energia pode ser transmitida. Então tudo que você precisa fazer durante a Meditação de Transmissão é manter o alinhamento. Se você puder manter o alinhamento e falar ao mesmo tempo, seus pensamentos não têm efeito na energia de forma alguma. A concentração necessária é realmente a concentração de manter o alinhamento, mas se o alinhamento está lá a todo o momento, normalmente, não há concentração necessária para mantê-lo. O que de fato interfere é a direção do pensamento. As formas de pensamento astrais realmente descolorem as energias. A mente inferior pensa, mas desde que você não siga ou dirija o pensamento, els não tem nenhum grande impacto na energia. Se você foca o pensamento em uma pessoa em particular, ou grupo, ou país, você dirige a energia para aquela pessoa, ou grupo, ou país, o que é exatamente o que não é desejado. Então, quanto menos você pensa,

melhor, mas isso não quer dizer que a atividade da mente inferior tem qualquer grande impacto no fluxo de energia. O ponto é que perfeição é melhor, mas não é absolutamente essencial.

*E quanto a pensamentos negativos que vêm durante a Meditação de Transmissão – eles descolorem a transmissão de energias?*
Sim, eles certamente o fazem. Nós descolorimos as energias espirituais através de nossas formas de pensamento astrais. Nossos medos, ansiedades, sonhos, fantasias – tudo isso descolore a energia. Mas se a sua atenção é mantida alta, isso não irá acontecer. Nós temos tais pensamentos, porque nós estamos focados no plexo solar. Estas são realmente experiências emocionais, que estão chegando aos níveis mais baixos do cérebro como formas de pensamento. Mas se você mantém a atenção entre as sobrancelhas, sem qualquer tipo de tensão durante a Transmissão, nenhuma dessas coisas virão ao nível do cérebro. Elas permanecerão reações emocionais, e você irá lidar com elas mais cedo ou mais tarde, mas elas não irão emergir durante a Transmissão. É por isso que é tão importante manter sua atenção elevada e não se tornar negativo. É uma atividade mental bem positiva, estabilizada.

O instrumento tetraedro também é inestimável, porque entre outras coisas, ele automaticamente aterra formas de pensamento astrais. [*Nota do Editor:* Para uma explicação do instrumento tetraedro, ver o Capítulo 5.]

*DK adverte quanto ao perigo de se meditar por muito tempo. A Meditação de Transmissão prossegue por muito tempo. Isso não é perigoso?*
Nós precisamos diferenciar entre meditar por muito tempo e transmitir por muito tempo. Lógico, é possível meditar por muito tempo, isso quer dizer, meditar em

termos de alinhamento com a alma. Há muita energia que você pode conseguir da alma e então usar. Se você não usá-la, você fica com uma estase ou inflamação em algum lugar, e uma neurose começa. Mas você não pode transmitir por muito tempo a mais; isso não é possível, porque os Mestres controlam o envio das energias.

Nunca tais energias estiveram tão disponíveis ao Cristo como elas estão agora, e nunca a necessidade por transmissores dessas energias ao mundo foi tão urgente como agora. A urgência invocou as energias. Porque se limitar por meia hora ou uma hora quando você pode tão facilmente continuar por duas horas, três horas ou mais? Nós na Inglaterra continuamos por mais de quatro horas; recentemente neste tour, nós tivemos Transmissões de sete e nove horas, e na Holanda, 11 horas. Isso é cansativo, mas não é muito. Não há a possibilidade disso fazer mal. Os Mestres estão em controle e determinam a duração da transmissão das energias.

Nos livros de Alice Bailey, o Mestres DK não fala sobre o trabalho de Transmissão, então Ele não estão advertindo quanto a ele. Ele está advertindo contra o estado negativo que pode se desenvolver ao se meditar por muito tempo, e também dos perigos da super-estimulação pela energia da alma.

*Eu estou preocupado quanto a mente branca, o estado vazio que as pessoas caem quando transmitindo. O Mestres DK diz para não meditar com uma mente em branco.*

Eu não digo que você deve deixar sua mente em branco. Você deve estar alerta e aberto. Você deve conscientemente manter sua atenção no centro ajna. Se você faz isso, você pode não estar pensando de forma alguma, mas a sua mente não está em branco. Na meditação, você deve aprender a diferença entre a mente que está estável, absolutamente alerta, totalmente consciente, e a mente que está em branco. Você pode estar mais estável, consciente com pensamentos correndo pela sua mente, do que você está com uma mente em branco. Uma mente que não está pensando não é o mesmo que uma mente que está em branco.

*Se, durante a Meditação de Transmissão, você regularmente experiencia fortes e incontroláveis emoções, é melhor parar a Transmissão por um período de tempo, até talvez os sentimentos diminuírem de alguma forma, ou tentar continuar da melhor forma possível no meio das emoções? A estimulação de fortes emoções é comum na Meditação de Transmissão?*

Tente continuar até que o equilíbrio emocional seja reconquistado. Quando devidamente conduzida, isso quer dizer, com a atenção focada no centro ajna (entre as sobrancelhas), o surgimento de fortes emoções deve ser raro.

*Por que as pessoas tendem a dormir freqüentemente durante a Meditação de Transmissão?*

As pessoas dormem durante a Transmissão por duas razões: porque elas estão cansadas, e porque elas não acham fácil fisicamente absorver essas energias espirituais. Um incrível estímulo é dado ao trabalho dos grupos e à evolução dos indivíduos neles. Elas estão lidando com energias que, inicialmente, seus corpos físicos não podem facilmente aceitar e conter. Há um intervalo de tempo entre o envio, o recebimento das energias e a real habilidade do corpo físico em absorvê-las facilmente. Na Meditação de Transmissão, os corpos dos indivíduos estão gradualmente sendo adaptados de forma que eles possam absorver cada vez mais. Mas enquanto este processo está ocorrendo, elas podem facilmente dormir.

*Você pode ou deveria se colocar em auto-hipnose enquanto transmitindo ou isso vai contra o que está sendo realizado?*
Algumas pessoas acham muito difícil se manter acordadas durante todo o tempo durante a Transmissão sem introduzirem a auto-hipnose. O que é necessário é um foco mental positivo, que ocasiona a concentração no centro ajna (entre as sobrancelhas).

*As visões e mensagens que as pessoas parecem ter durante a Meditação de Transmissão são válidas?*
Muitas pessoas me disseram: "Nós tivemos uma maravilhosa Transmissão na última sexta-feira. Todos os Mestres estavam lá, as energias eram lindas e eles nos deram maravilhosos ensinamentos." Isso é um absurdo. É puro glamour, ilusão, e deve ser evitado a todo o custo. Se você está fazendo isso, pare. Eles não dão ensinamentos maravilhosos durante a Transmissão. Eles não dão nenhum ensinamento de forma alguma durante Transmissões. Eles simplesmente transmitem as energias através das pessoas no grupo. Os "ensinamentos" e os "Mestres" ao redor delas estão na imaginação astral das pessoas. Já que muitas pessoas chegam à este trabalho mais esotérico a partir movimento espiritualista, elas acham que é a mesma coisa, mas não é. Isso não tem nenhuma relação com o mundo espiritual, e nenhuma relação com os instrutores nos planos astrais. É um processo científico pelo qual os Mestres, trabalhando do nível búdico, podem transformar Suas energias abaixo ao plano físico.

*As pessoas podem ter contato com "entidades" durante a Meditação de Transmissão?*
Sim, tipos mediúnicos podem se permitir manter um foco passivo, negativo no plexo solar, e então se abrirem e entrarem em contato com entidades astrais. O perigo

está inerente em todo trabalho de meditação, daí a necessidade de manter um foco mental positivo (no centro ajna).

*A Meditação de Transmissão fortalece a intuição como a meditação "comum"?*
Certamente. Cada atividade (meditação e/ou serviço) que invoca as qualidades da alma para a vida da personalidade fortalece a intuição. A Meditação de Transmissão é um processo dinâmico forçado, pelo qual, a natureza da alma é poderosamente invocada. Durante a Transmissão, porque todos os centros estão ativados e galvanizados, sua mente se torna incrivelmente clara e criativa. Através do alinhamento entre o cérebro físico e a alma, que é necessário para fazer a Transmissão, o antahkarana – o canal de luz entre a alma e o cérebro – é mantido aberto. Portanto, é mais fácil para a alma fortalecer a habilidade intuitiva do indivíduo.
 Também, você de fato tem atividade inspiradora. Idéias são jogadas do nível da alma para a mente de indivíduos receptivos durante a Transmissão. Muitas pessoas têm idéias muito boas durante a Transmissão. Mas este não é o objetivo. O objetivo é o ato de serviço ao se diminuir a freqüência da energia de forma que ela se torne útil à uma seção mais ampla da humanidade. O verdadeiro objetivo, o verdadeiro motivo, é serviço.

*Não é perigoso se concentrar no centro ajna? Eu ouvi que concentração nos chakras pode ser perigoso.*
Certamente pode ser perigoso se concentrar, como muitos fazem, em um centro em particular, principalmente naqueles abaixo do diafragma. Conforme você se concentra em um centro, a energia segue seu pensamento. Este é um axioma fundamental do ocultismo – que tudo no mundo é energia, e que a energia segue o pensamento.

A atividade dos centros precisa ser despertada na seqüência correta para cada tipo de raio, e as pessoas causam muito mal devido a falta de conhecimento. O objetivo deve ser sempre a elevação da energia dos centros abaixo do diafragma para aqueles acima dele, junto com o correto equilíbrio e alinhamento dos chakras.

O centro diretor para o nível mental é o centro ajna, entre as sobrancelhas. Conforme você se torna focado no nível mental, as emoções se tornam obedientes, sem repressão. O centro ajna age como o sintetizador de todos os chakras abaixo dele e é perfeitamente seguro concentrar a atenção nele. Ele é o centro do coração no centro da cabeça. Alguns dizem: "Eu sempre transmito através do centro do coração." Isso está bom. Você não pode transmitir do centro ajna sem transmitir através do centro do coração.

Durante a Transmissão, você pode fixar sua atenção no centro ajna com total confiança.

*Eu tendo a manter minha atenção focada no centro ajna continuamente, mesmo durante atividades diárias. Isso não é perigoso?*
Isso certamente não é perigoso. Se você realmente está mantendo a atenção focada no centro ajna continuamente, então você está bem no caminho de alcançar a polarização mental. Verifique o que acontece à sua atenção, no entanto, quando você se encontra em uma situação que normalmente iria estimular uma forte reação emocional. A sua atenção permanece no centro ajna ou ela caiu para o plexo solar?

*Quando eu me concentro no centro entre os olhos, eu sinto como se eu tivesse um olho lá. Este é o terceiro olho?*
O centro ajna não é o terceiro olho. O terceiro olho é na verdade interno, enquanto que o centro ajna está na

parte da frente da cabeça. O terceiro olho é criado pela atividade do próprio discípulo.

O corpo pituitário que está atrás da ponte do nariz está relacionado com o centro ajna, enquanto que a glândula pineal no centro da cabeça está relacionada com o centro da cabeça. Gradualmente, a meditação aumenta a atividade dessas duas glândulas. Quando a irradiação, a luz saída do corpo pituitário e da glândula pineal se expandem o suficientemente como um resultado da atividade elevada, um contato magnético é feito entre elas, os dois centros se sobrepõem e um campo se resulta. O terceiro olho nasce lá. Ele dá a visão superior, clarividente. Isso é uma coisa diferente do próprio centro ajna.

Assim, quando transmitindo, você não está mantendo sua atenção no terceiro olho de forma alguma, mas no centro ajna entre as sobrancelhas. A pressão que você pode sentir é a energia fluindo através do centro. É aí que você deve ter a sua atenção a todo momento. A atenção da maioria das pessoas está abaixo, no centro do plexo solar, ou ainda mais baixo, mas ela deve na verdade estar no centro ajna. Este é o centro diretor. Enquanto você estiver focado lá, você está em controle de si mesmo e de sua atividade de pensamento. De lá, você também controla a atividade do plexo solar, que é o centro das emoções. Você não pode fazer qualquer avanço real na evolução até que você controle a atividade deste centro.

*Por três anos, eu tenho sido um membro de um grupo de Meditação de Transmissão. Nós nos encontramos duas vezes por semana por uma hora. Depois da meditação, eu me sinto tão elevado que eu não durmo antes das 3:00 ou 4:00 da manhã. Como eu tenho que levantar às 5:00, eu me sinto muito cansado depois de um sono tão curto. Isso causa problemas no meu trabalho. Você pode dar algum conselho?*

Este é um problema bem comum em grupos de Meditação de Transmissão. Pessoalmente, eu não consigo dormir por algumas horas depois da Transmissão. A questão é se fazer o melhor uso do tempo enquanto você está acordado. Faça algum trabalho ou leia, e você logo irá relaxar e dormir. Eu recomendo que você deve, se possível, aumentar a Transmissão gradualmente (digamos, aumentar 15 minutos a cada duas ou três semanas) até que você esteja fazendo três horas. Então você provavelmente irá querer dormir!

# CAPÍTULO 5

## MELHORANDO A TRANSMISSÃO

*Como nós podemos nos tornar transmissores melhores?* A melhor forma de se tornar um transmissor melhor é fazer mais trabalho de Transmissão. É um processo de auto-aperfeiçoamento. Quanto mais você faz, melhor você se torna. Não é possível fazê-la sem ser transformado pelas energias. O que é tremendamente potente em um momento, você não vai nem mesmo perceber seis meses mais tarde. Seus centros estão absorvendo a energia e se acostumando com ela. O que você percebe é a próxima potência mais alta. Apenas fazendo a Meditação de Transmissão você faz progresso nela.

Na sua própria meditação da alma particular, você também cria um alinhamento. Todos os pensamentos e ações dirigidos em direção ao serviço e a ajudar o planeta, também levam ao alinhamento da alma com a personalidade. Sua aspiração, meditação e serviço juntos criam o antahkarana ou ponte entre a alma e a personalidade. Mantenha sua aspiração o mais alto possível, sem cair no desespero, negatividade ou desapontamento. Você precisa abordar a meditação e o serviço de uma forma dedicada.

Em todo trabalho esotérico e do discipulado, você vê a necessidade do mundo, e, até onde você é capaz, tão objetivamente e desapegadamente possível, você procura satisfazer a necessidade. O Cristo disse: "Tome a necessidade de seu irmão como a medida para a sua ação, e resolva os problemas do mundo." Você precisa agir com objetividade. Você vê a necessidade e satisfaz a necessidade. Isso é tudo.

Conforme você faz o trabalho de Transmissão de uma forma desapegada, você está ajudando o mundo, mas você precisa fazê-lo como uma vocação. Se você se sente importante e diz: "Nós estamos potencialmente ajudando o mundo", isso é um glamour. Em tudo o que você faz, você precisa se tornar o mais objetivo e desapegado possível. Conforme você faz isso, você automaticamente transmite as energias melhor e em uma potência mais alta.

*Os Mestres distribuem "graça"? Por exemplo, se alguém estivesse para rezar para um Mestre brevemente, pedindo "graça" para melhorar sua habilidade para fazer uma efetiva Meditação de Transmissão: (1) A solicitação seria ouvida? (2) O Mestre é capaz de oferecer a benção? (3) É provável que ele a dê?*
(1) Sim. (2) Sim. (3) Sim.

*Que papel a auto-observação, consciência e o estado de alerta têm no trabalho de Transmissão? Eles são importantes?*
Estado de alerta, sim. Auto-observação, não, realmente não. Auto-consciência e auto-observação não são focados no trabalho de Transmissão. O trabalho de Transmissão é serviço. Assume-se que os grupos de transmissores são aspirantes ao discipulado, ou discípulos. É tido como certo que eles estão lidando com suas próprias evoluções, bem à parte da Meditação de Transmissão. O trabalho de Transmissão não substitui o auto-desenvolvimento. As pessoas fazem as práticas que quiserem para fazerem isso. Isso não é algo no qual se coloca ênfase para se fazer parte de um grupo de Transmissão. Não há ensinamento em um grupo de Meditação de Transmissão. Não há auto-desenvolvimento consciente em um grupo de Meditação de Transmissão, embora você não possa canalizar essas energias sem ser transformado. Você de fato precisa do estado de alerta. Você precisa ser capaz de manter sua atenção elevada. Isso não é difícil: isso não significa uma

total, ininterrupta, fixa atenção no sexto centro ou ajna, mas que você mantenha sua atenção lá sem qualquer tipo de tensão. Se ela cair – e você descobrirá que ela cairá (sua atenção irá vagar) – você então fala silenciosamente o OM. Auto-consciência, auto-desenvolvimento e auto-observação você pratica em sua vida diária. O trabalho de Transmissão não exclui outros tipos de meditação ou treinamento, e ele é algo que potencializa qualquer outra prática que você faz.

*Em um grupo de Meditação de Transmissão, importa como você está sentado?*
Sim e não – depende do quão consciencioso você quer ser. Eu formo o centro de nosso grupo de Transmissão, e eu tenho a minha esquerda os homens no grupo e a minha direita as mulheres. É simplesmente para a conveniência dos Mestres. Não faz diferença nenhuma para nós, mas faz para os Mestres. Cada energia tem polaridade, um pólo positivo e um negativo. O homem carrega a carga positiva e a mulher, a negativa da energia. É uma ciência profunda. Eles não estão apenas transmitindo através dos indivíduos, mas em termos de polaridade.

Na minha experiência, as mulheres tendem a absorver de alguma forma as energias do Cristo melhor do que a maioria dos homens. Elas estão mais sintonizadas com a energia do Cristo. É melhor se o grupo for equilibrado em termos do número de homens e mulheres, mas eu não acho que isso faça alguma diferença energeticamente. Por exemplo, nos EUA, quase todos os grupos têm mais mulheres do que homens, enquanto que na Holanda é o contrário. A diferença energética está relacionada com polaridades. Quando você tem, por exemplo, nove mulheres e apenas um homem, este homem está bem ocupado! Ele está sendo o pólo positivo para outros nove pólos. Mas os Mestres podem arrumar isso. Para eles, não é problema. Se há mais de seis ou sete pessoas, eu sugiro que os homens e as mulheres sejam separados. Qualquer número abaixo de seis ou sete, não importa como você se senta.

*Por favor, explique a função do instrumento tetraedro e como ele é diferente de uma pirâmide.*

A pirâmide foi um instrumento dos tempos Atlantes. Ela foi construída especificadamente para atrair energia astral. O objetivo do homem Atlante era o de aperfeiçoar o veículo astral, o que ele fez muito bem. Este instrumento era usado, então, para focar energia astral, porque este era o tipo mais alto de energia útil naquela época. Agora, pelo virar da espiral em direção acima, nós estamos nos afastando da fase Atlante, mesmo que a maior parte da humanidade ainda seja Atlante em consciência, ainda focada no plano astral. O foco neste tempo vindouro será sobre o plano mental. O instrumento que atrai energia mental é o tetraedro.

Ele faz duas coisas: o cristal de quartzo no centro mistura as energias vindouras, e o campo magnético as potencializa. O envio nunca é de apenas uma energia, mas de várias. O instrumento transforma as energias para baixo – diminui a voltagem assim como um transformador de eletricidade – mas a potencializa nesta voltagem inferior. Elas são enviadas através do disco de ouro ao mundo, dirigidas, não por nós, mas pelos Mestres, seja lá para o que elas forem necessárias, em uma voltagem que pode ser usada, experienciada e assimilada pela humanidade em geral. Ao mesmo tempo, ele automaticamente aterra todas as energias abaixo do plano mental de forma que as formas de pensamento astrais dos transmissores não descolorem as energias espirituais. O modelo e instruções são dados aos grupos que já estiveram bem estabelecidos por pelo menos dois anos.

*Quanto o instrumento tetraedro melhora a Transmissão?*

O tetraedro não traz as energias sozinho e não melhora de forma alguma suas recepções. Ele de fato melhora a transmissão de energias. Estas vêm diretamente dos Mestres para nós, através dos chakras. Então, elas vão de nós para o instrumento. O instrumento não é essencial para o trabalho, mas ele é um complemento útil. Existem apenas muito poucos desses instrumentos no mundo e mesmo assim, existem muitos grupos de Meditação de Transmissão, e eles também fazem um bom trabalho. O tetraedro transforma ainda mais as energias, leva elas mais para baixo do que nós podemos, e em uma voltagem mais baixa, ele dá à elas no fim um impulso final – potencialização.

Ele também garante que as energias sejam enviadas aos planos mentais inferiores, que é o plano do próprio instrumento. Apenas sendo da forma que é, ele automaticamente transforma as energias em direção ao plano mental. Se ele fosse uma pirâmide, ele transformaria as energias no plano astral, que não é o plano que nós queremos estimular. Resumindo, ele é um complemento, um benefício ao trabalho, mas não essencial.

*Seria de valor para os grupos de Transmissão conseguirem um tetraedro?*
Se eles puderem, sim. Ele não é essencial, mas bem importante. E não é assim tão caro. Quanto maior o grupo, menos caro ele será por pessoa. É um investimento muito bom. Certamente, ele aumentaria a eficácia do grupo. O único problema com o tetraedro é o custo, porque você precisa de um disco de ouro com nada menos do 3.5 polegadas de diâmetro, pesando nada mais do que 3.5 onças e um disco de prata com nada menos do que 4.5 polegadas de diâmetro, pesando nada menos do que 4.5 onças. Ouro vinte dois quilates irá funcionar extremamente bem, 18 quilates também irá funcionar bem, mas menos do que 18, não irá. Você

perde muito das freqüências mais altas. Vinte dois é o melhor. É lógico, é também o mais caro. O resto dos materiais, fio de prata, imãs, um cristal de quartzo pesando aproximadamente um quilo e um revestimento de vidro, não são tão caros.

Há também algo quanto a se sentar ao redor do instrumento. Nós costumávamos participar dos Festivais Mind-Body-Spirit todo ano em Londres, desde Abril de 1977, um pouco antes de Maitreya voltar ao mundo, e nós sempre levávamos nosso tetraedro ao nosso estande. Nós tínhamos Transmissões a cada duas ou três horas, e nós convidávamos o público a tomar parte nelas. As pessoas ficavam e ficam mais interessadas no tetraedro do que no fato de que o Cristo está no mundo. Ele é mais real para elas. Elas podem vê-lo. Esta é uma era tecnológica. Quando você sabe o que você está fazendo, quando você sabe que funciona, quando você sabe que ele melhora o grupo, ele cria uma atmosfera própria. Ele é muito bonito. É também um símbolo da eficácia do que você está fazendo.

TETRAEDRO

As pessoas dizem: "Eu estava fazendo alguma coisa? Eu não sei. Eu não parecia estar concentrado esta noite. Eu não senti que eu estava fazendo muita coisa". Mas se há um instrumento lá, de alguma forma, elas sabem que ele está fazendo o trabalho. Se elas não o estão fazendo, ele está.

*E quanto a orientação do tetraedro? O lado aberto deve ficar para o norte ou o sul?*
Você não precisa orientar o tetraedro de forma alguma. O campo magnético produzido por esses imãs é na verdade mais poderoso do que o campo magnético da Terra. Se não houvesse nenhuma instrumentação nele, e se ele estivesse alinhado norte-sul, ele atrairia energia do plano mental. Mas nós não estamos condicionados por este fato, porque a energia não está vindo do plano mental da Terra. A energia está vindo da Hierarquia. O instrumento a leva abaixo até o plano mental pelo fato dele ser um tetraedro, porque esta é a propriedade energética desta forma – é o poder da forma. Então você não o alinha. Você pode vira-lo para qualquer lugar que você quiser. O que você deve fazer é não ter o disco de ouro na direção de ninguém. O grupo deve ser um meio círculo, uma ferradura, ao invés de um círculo inteiro. Algumas vezes, com muitas pessoas, o círculo dá a volta no instrumento. Os Mestres irão dizer: "Nós curvaremos a energia", mas é melhor que o grupo sente em cada lado de forma que o raio de energias combinadas do disco de ouro saia ao mundo sem alguém ficando no caminho dele.

*Nossa sessão regular de Transmissão se torna um ofuscamento do grupo quando Benjamin Creme participa nela?*

Quando eu estou envolvido, a transmissão de energias se torna um ofuscamento pelo Cristo. Eu sou ofuscado por Ele e isso se torna um ofuscamento grupal. O Cristo nutre a vida espiritual de cada pessoa tomando parte na Transmissão, de forma que, daí em diante, o seu trabalho de Transmissão será intensificado.

Um dos papéis de Maitreya, o Cristo, é o de agir como o "Nutridor dos pequeninos", os "bebês em Cristo", isso quer dizer, aqueles que tomaram a primeira e segunda iniciações e precisam da sua "nutrição" espiritual para prepará-los para a terceira, a *transfiguração*, que, do ponto de vista da Hierarquia, é apenas a primeira iniciação da alma.

Um experimento está em andamento, através da ação de um discípulo ofuscado por Maitreya, no qual esta "nutrição" é também dada àqueles que, talvez, tenham tomado apenas a *primeira* iniciação. Ao mesmo tempo, você é automaticamente ligado à uma rede de luz que o Cristo está criando no mundo. Há uma rede de luz na qual vocês, como membros individuais de cada grupo de Meditação de Transmissão e cada grupo como um todo, estão ligados, então cada vez que você se senta em seu grupo para transmitir, você está automaticamente ligado à este grupo nos planos internos, que o Cristo nutre para o trabalho neste tempo vindouro. Ele está sempre procurando por aqueles aspirantes e discípulos no mundo através dos quais Ele pode trabalhar. O Cristo não veio para mudar o mundo. Ele veio para *nos* mostrar como mudar o mundo. Ele está aqui para nos galvanizar, nos inspirar, nos guiar, para evocar de nós o que já está dentro de nós; mas Ele não irá fazer o trabalho. Nós precisamos fazê-lo.

*As benções (durante a Transmissão) continuam nos transformando mesmo que nós estejamos dormindo?*
Sim, as benções estão transformando a pessoa. Elas saem do plano da alma, e são dadas às almas dos

indivíduos; é quanto a isso que se trata o alinhamento; é por isso que, durante a Meditação de Transmissão, você precisa permanecer alinhado. O cérebro físico precisa ter uma conexão sólida, uni-direcionada e alinhada com a alma, de outa forma, este aspecto do canal de comunicação estará faltando.

Quando Benjamin Creme está presente, a Transmissão se transforma em um ofuscamento pelo Cristo, e o grupo dá as mãos.

Muitas pessoas, mesmo que elas não estejam dormindo, estão com a mente vagando; elas estão em um tipo de "torpor astral" pela maior parte de Transmissão. É por isso que o tempo médio de Transmissão é três minutos e meio ao invés de 60 minutos por hora. Se o alinhamento fosse constante, o verdadeiro tempo de Transmissão seria de 60 minutos em uma hora. É muito importante, portanto, que você mantenha este alinhamento. A pessoa envolvida recebe a benção; a pessoa é a alma. Nós somos almas, nós precisamos nos acostumar a pensar em nós mesmos como almas – a alma em encarnação é o verdadeiro homem. A personalidade, com seu corpo triplo, é simplesmente um mecanismo, um veículo, para o verdadeiro homem ou mulher que é a alma, e é a alma que recebe a benção. Esta benção, é lógico, tem um efeito nos veículos, estimulando a substância dos corpos físico, astral e mental, mas a verdadeira benção é para o Filho de Deus evoluindo em encarnação.

*Eu ouvi que tocar uns aos outros pode transferir vibrações inferiores de cada um. Por que, então, quando você está presente na Meditação de Transmissão, você pede às pessoas para darem as mãos?*
Se é verdade que por tocar uns aos outros nós podemos transferir "vibrações mais baixas" um do outro, então deve ser igualmente verdade que ao tocar uns aos outros, nós podemos transferir vibrações superiores do mesmo jeito. Durante a Meditação de Transmissão na qual eu estou presente, eu sou ofuscado por Maitreya, que é Ele Mesmo ofuscado pelo Espírito da Paz, e está transmitindo a energia do Avatar da Síntese (ou a Força de Shamballa) e aquela do Buda. Através de mim, e pelo fato do grupo dar as mãos, isso se torna um ofuscamento grupal (o grupo é espiritualmente "nutrido" por Maitreya, como eu declarei acima). Em minha experiência, aquelas pessoas com mais medo de "vibrações inferiores" – sempre de outras pessoas – deixam algo a se desejar em suas próprias.

*(1) É necessário para nós darmos as mãos durante nossas sessões de Meditação de Transmissão regular quando Benjamin Creme não está presente? (2) É possível um ofuscamento acontecer durante a Transmissão através de outra pessoa do grupo, quando Benjamin Creme não está presente?*

(1) Não, não é necessário dar as mãos. (2) Quando eu não estou presente, um ofuscamento não ocorre. É possível que algum tipo de ofuscamento por entidades astrais aconteça através de pessoas mediúnicas no grupo. Pessoas com fortes tendências mediúnicas podem se abrir para o uso de tais entidades no plano astral, se suas atenções caírem para o plexo solar durante a Transmissão. Essas pessoas precisam mentalmente decidir não serem usadas por entidades astrais, e manterem o alinhamento entre a alma e o cérebro, mantendo suas atenções no centro ajna durante a Transmissão. Isso é *muito importante*. Deve-se aprender a distinguir entre energias espirituais e energias do plano astral. A Meditação de Transmissão não lida com energias astrais, e, é lógico, os Mestres em cargo da Transmissão não permitiriam a interferência de energia astral.

*Iniciações estão ocorrendo durante o ofuscamento por Maitreya em suas palestras?*
No sentido de grandes iniciações planetárias, não; no sentido de que cada transferência de poder é uma iniciação, então sim. O poder liberado e o estímulo dos centros de força (chakras) da audiência que ocorrem, é uma iniciação de um tipo. Os indivíduos na audiência são mudados, suas taxas vibracionais elevadas, seus estados de ser alterados à um grau no qual eles possam responder e absorver as energias.[*Nota do Editor:* Para mais informação sobre iniciação, ver *A Missão de Maitreya*, Vols, *1, 2 e 3*, por Benjamin Creme.]

Benjamin Creme é regularmente ofuscado por Maitreya no começo e final de suas palestras públicas. Muitas pessoas relatam vê-lo cercado por um brilhante halo de luz, enquanto algumas o vêem realmente "desaparecer" na luz. De tempo em tempo, a câmera também registra esse fenômeno. Esta fotografia foi tirada no começo de 1993, na palestra de Tóquio, e mostra Benjamin Creme banhado em luz, enquanto que sua intérprete, Michiko Ishikawa, permanece na luz normal, com exceção do ombro próximo de Creme.

*Em seus encontros públicos, quando você é ofuscado por Maitreya, nós devemos, na audiência, (1) fechar nossos olhos, (2) olhar para você, ou (3) você prefere que as pessoas não fixem seus olhares em você? (4) Nós devemos colocar nossa atenção em nosso centro na testa, ou na parte de cima da cabeça?*
(1) É melhor, mas opcional. (2) (3) O que você quiser, eu não ligo. (4) Na parte de cima da cabeça.

*Se uma gravação é feita com uma câmera de vídeo ou um gravador de fita durante o ofuscamento de você por Maitreya e Sai Baba em suas conferências e Meditações de Transmissão, (1) as fitas de vídeo e fitas cassetes estão sendo magnetizadas com alguma energia? (2) Se sim, que tipo de energia, e em quais situações será benéfico tocar essas fitas magnetizadas de forma a liberar essas energias, assumindo que as energias estão sendo liberadas enquanto a fita está tocando? (3) Essas energias serão transferidas à novas fitas de vídeo e cassete se cópias forem feitas?*
(1) Sim. (2) Energia do amor. (3) Sim.

*Se é ruim para crianças jovens estarem em um quarto onde a Meditação de Transmissão está ocorrendo, é também ruim para elas estarem presente durante o ofuscamento da parte de Maitreya em suas palestras?*
Não. Já que seus chakras ainda estão em processo de estabilização, durante a Meditação de Transmissão, elas teriam que ser continuamente defendidas pelos Mestres do impacto total das energias transmitidas. Isso é um gasto da energia dos Mestres. Nas palestras, no entanto, o Cristo pode facilmente regular a quantidade de energia que cada pessoa recebe. Eu estou totalmente consciente do aumento e diminuição da potência para cada indivíduo para o qual eu olho durante o ofuscamento.

*O que você diria sobre o papel dos cigarros, álcool ou drogas como a maconha e o LSD? Elas interferem com a Meditação de Transmissão?*
Se elas trabalharem contra o corpo físico, o que elas tendem a fazer, elas trabalharão contra a sua habilidade em absorver e suportar o impacto dessas potências espirituais, que são muito grandes. Quanto mais puro o corpo, mais fácil é de se absorver essas energias. Mas não se deve ser fanático quanto a isso. Eu não sou um guru, e eu não estou falando à você o que fazer, mas eu veria como uma pré-condição para o trabalho de Transmissão que se abandone tudo aquilo relacionado com drogas. As drogas são bem contra-indicadas para qualquer tipo de caminho espiritual, porque elas destroem o sistema nervoso. O sistema nervoso é o elo, no plano físico, entre a alma e o seu veículo. Nos níveis etéricos, há uma correspondência ao sistema nervoso físico. Ela é composta por incontáveis filamentos de luz chamados "nadis", que estão por trás de todo o sistema nervoso. Quando a morte ocorre, o corpo etérico se separa do corpo físico denso através da retirada dos nadis do sistema nervoso.

LSD ou qualquer uma das drogas alucinógenas têm um efeito deletério no sistema nervoso. Alguns dos efeitos são conhecidos e alguns são bem desconhecidos. Há sempre um perigo de se danificar a rede de nadis entre os planos físico e etérico. Muito das experiências alucinatórias daqueles usando drogas é devido a esta destruição, e podem levar à insanidade.

*Você considera a maconha uma droga?*
Ah, sim, muito. Ela tem um efeito deletério de longo prazo sobre o sistema nervoso. Se você medita, você não deve usar maconha.

*Tabaco?*
O tabaco é desagradável e também diminui a vibração do corpo, e eu recomendaria que ele fosse completamente evitado.

*E quanto ao álcool?*
O álcool têm dois tipos de influência. Uma pequena quantidade de álcool tem um efeito positivo no corpo físico. Ele é um tônico estimulante. Uma grande quantidade de álcool tem um efeito deletério e deve ser evitado.

*E aspirina?*
A aspirina é um veneno. Ela deve ser totalmente evitada. Eu recomendo que se você quiser uma droga para melhorar sua condição, que você tome apenas remédios homeopáticos, que são tão refinados a ponto de serem quase totalmente inofensivos. Ao invés de tomar uma aspirina para dor de cabeça, você poderia tomar um acônito.

*Há algo que nós podemos fazer em nossas vidas, como mudar nossa dieta, que iria aumentar a pureza de nossos corpos físicos?*
Sim, mas eu não sou aquele que deveria responder essas perguntas, porque eu não sou assim tão disciplinado. Eu deixei de lado o corpo físico. Eu dificilmente penso nele. Eu como o que eu gosto, bebo o que eu gosto, e deixo o corpo físico prosseguir e fazer o que precisa fazer. Eu não como carne e evito o que eu sei que me faz mal. Você pode comer quanta carne você quiser e ainda fazer a Meditação de Transmissão, mas se você quiser tomar a iniciação, se você quiser fazer um rápido progresso espiritual, se você quiser absorver a maior quantidade de energia espiritual na freqüência mais alta possível (o tão alto quanto seu corpo puder absorver), então você não deve comer carne. Peixe é neutro. Aves são

preferíveis à carne vermelha, mas elas não são totalmente neutras como o peixe. Vegetarianismo deve ser a norma para o discípulo. Mas é melhor não ser fanático quanto a dieta. O corpo não é assim tão importante, a não ser para aqueles se aproximando da primeira iniciação. Depois disso, disciplina dietética (com bom senso e senso de proporção) deve ser automática.

*Já que a mente fica bem calma quando se está digerindo uma refeição, comer antes da meditação não é recomendado. (1) Este seria o caso em relação a se tomar parte na Meditação de Transmissão? (2) Se sim, por quanto tempo antes de meditar se deve terminar uma refeição? Ou isso não importa.*

(1) Sim; refeições muito pesadas entorpecem a consciência e o foco mental necessários na Meditação de Transmissão. (2) Cada pessoa digere em uma velocidade diferente, então números definitivos não são possíveis. Eu sugeriria pelo menos um intervalo de uma hora antes da Transmissão, assim como uma refeição a mais razoável e leve possível.

[*Nota do Editor:* Discussões profundas sobre como manter o alinhamento entre a alma e o cérebro físico, essencial para uma eficiente Transmissão, estão impressas no Capítulo 9 "Mantendo o Alinhamento".]

# CAPÍTULO 6

## A NATUREZA DA MEDITAÇÃO DE TRANSMISSÃO

*De onde as energias da Meditação de Transmissão vêm e que tipos de energia elas são?*

O tópico da Transmissão, do ponto de vista dos Mestres, é tão complexo, tão esotérico, que eu não poderia realmente começar a dizer para vocês o que ela é do ponto de vista Deles. Eu perguntei esta pergunta ao meu próprio Mestre, e Ele disse à mim: "Não há forma na qual eu poderia explicar. Você nunca entenderia." Esta dificuldade surge, porque nós não conhecemos as técnicas ou instrumentos que Eles usam. Mas é suficiente dizer que Eles recebem energia de muitas fontes diferentes: energia de Shamballa , o centro da cabeça do planeta; energia extra-sistêmica de outros planetas e do próprio sol; e energia extra-solar de Sírius e da Ursa Maior, a origem dos sete raios.

Os Próprios Mestres formam uma Hierarquia. O Cristo é o Mestre de todos os Mestres, e é o recebedor, por excelência, dentro da Hierarquia, para as várias energias. Na verdade, hoje, Ele está quase totalmente em cargo da distribuição dessas energias. Todos os Mestres estão engajados em transmitir energia, mas o Cristo decide precisamente que energias, e em que equilíbrio, serão distribuídas em qualquer momento em específico. Ele Mesmo, como qualquer um que estudou os ensinamentos de Alice Bailey saberá, é o recebedor hoje de energias bem específicas que Ele transmite para o mundo.

Ele recebe energia de um Avatar chamado Avatar da Síntese, um grande Ser de fora deste sistema solar, Que foi invocado durante os anos 1940 pela Hierarquia. Este Avatar traz todos os três aspectos divinos, ou energias divinas, que nós reconhecemos--os aspectos Vontade, Amor e Inteligência, junto com outro aspecto para o qual nós ainda não temos nome. Esta energia quádrupla, muito similar a energia de Shamballa ou da Vontade, é distribuída ao mundo pelo Cristo. Ela leva à síntese no mundo. O efeito desta energia, conforme ela trabalha na humanidade, é o de unir a humanidade.

A energia da Síntese trabalha apenas através de grupos, não através de indivíduos. Ela funciona através da Hierarquia como um grupo, e através da própria humanidade, como um grupo. Ela trabalha através da Assembléia Geral das Nações Unidas (mas não o Conselho de Segurança). Ela trabalha através do maior e mais importante grupo no mundo, o Novo Grupo de Servidores do Mundo, que foi formado pelo Cristo em 1922. Este grupo tem um relacionamento próximo, subjetivamente, com a Hierarquia. No plano exterior, ele é dividido em dois grupos: um grupo maior, inconsciente de sua relação subjetiva com a Hierarquia, que trabalha sobre a impressão dos Mestres; e um núcleo interno menor, que trabalha bem consciente, sobre a supervisão dos Mestres. Os membros deste grupo estão distribuídos pelo mundo, em cada país sem exceção, homens e mulheres em todos os campos da vida. Este é o grupo mais importante no mundo hoje. É um grupo subjetivo, sem qualquer organização exterior. O Avatar da Síntese trabalha através de todos os grupos, unindo a humanidade, sintetizando-a em direção à unidade que essencialmente ela é.

A segunda energia que o Cristo distribui desta forma é aquela do Espírito da Paz e do Equilíbrio. Este grande Ser Cósmico encarna a energia do amor em um nível cósmico. Ele ofusca o Cristo, Maitreya, de uma forma similar ao ofuscamento do Cristo sobre o Mestre Jesus na Palestina. Ele trabalha de forma muito próxima com a Lei de Ação e Reação. O efeito do Seu trabalho no mundo é o de transformar e transmutar o prevalente ódio, violência e discórdia, em seus opostos exatos, de forma que nós entraremos em uma era de paz, tranqüilidade e equilíbrio emocional e mental, equilibrada em proporção exata em relação ao presente caos. Este é o efeito da energia deste grande Avatar da Paz.

A terceira fonte de energia Divina é o Buda, o Irmão do Cristo, Que traz a energia da Sabedoria. O Cristo é a Encarnação do Amor. O Buda é a Encarnação da Sabedoria. Eles trabalham juntos a todo o momento, diariamente, de hora em hora. Eles até mesmo partilham um nível de consciência. O Buda tomou uma grande Iniciação Cósmica nos anos recentes, que permite à Ele trazer a energia da Sabedoria de níveis cósmicos. Ele a transmite para o Cristo, e o Cristo a transmite para o mundo. O Cristo, assim, permanece um ponto dentro de um triângulo de força do Avatar da Síntese, o Espírito da Paz, e o Buda, e transmite Suas energias ao mundo.

As energias são enviadas pelo Cristo através de um ou dois Mestres, e então através dos grupos de Meditação de Transmissão. Eles as rebaixam até uma potência que a humanidade pode absorver. Se o grupo de Transmissão tem o instrumento tetraedro, este mecanismo rebaixa ainda mais. No campo da eletricidade, transformadores são usados para baixar a voltagem e transformar uma voltagem, que poderia de outra forma ferir-te, em algo útil e seguro. Da mesma forma, os grupos de Transmissão agem como transformadores. As energias são rebaixadas e transformadas. É lógico, elas perdem potência depois de serem rebaixadas, mas se tornam úteis e transformadoras no mundo.

*Os Irmãos Espaciais estão envolvidos nas energias espirituais (aquelas envolvidas na Meditação de Transmissão)?*

Sim. Na Meditação de Transmissão, as energias vêm de fontes Cósmicas, Solar e extra-planetária. Estas são distribuídas pelos Irmãos Espaciais para nossa Hierarquia planetária, e assim através dos grupos de Meditação de Transmissão.

*Você poderia falar algo sobre o "Verdadeiro Espírito do Cristo"?*
Uma dessas energias que flui de Maitreya durante a Meditação de Transmissão é o Verdadeiro Espírito do Cristo. Este é o Principio Crístico, a Consciência Crística, a energia que unicamente Ele encarna no mundo. Isso O torna o Cristo. O Cristo é o homem Que encarna o Princípio Crístico. Esta energia flui Dele em enorme potência.
Durante a Transmissão, ela flui com outras energias, mas de tempo em tempo, Ele a libera em separado das outras energias.

*Qual é a diferença entre o ofuscamento de Maitreya durante a Meditação de Transmissão, o Princípio Crístico, e a fase durante a Transmissão quando você diz: "Este é o Verdadeiro Espírito do Cristo"?*
Quando eu digo: "Este é o Verdadeiro Espírito do Cristo", é para deixá-los saber que, durante a fase que se segue, Maitreya está liberando especificadamente o que nós chamamos de Princípio Crístico, a energia da própria consciência. Esta é a energia que Ele encarna. Nós a chamamos Amor, e ela flui de forma muito potente durante esta fase. Ela flui em outros momentos durante a Transmissão, talvez a maioria do tempo, mas já que ela é misturada com outras energias, você não a reconhece. Durante esta fase, Ele a libera de forma pura. É por isso que para muitas pessoas, esta é a mais mágica, maravilhosa parte da Transmissão. Elas sentem esta maravilhosa energia de amor; elas são banhadas nela. É poderoso, magnético. Você pode se banhar nela, senti-la

ao redor de você; você está flutuando em um mar de amor, que é o que isso é. É uma experiência maravilhosa. Esta é a energia da consciência.

No Dia da Declaração, esta energia será derramada em tremenda potência através dos corações de todos no mundo. Maitreya disse: "Será como se eu abraçasse todo o mundo. As pessoas irão senti-la até fisicamente." É por isso que nós falamos: "O amor faz o mundo virar."

O amor literalmente faz o mundo virar, porque ele é a energia da evolução. Sem esta energia, não haveria evolução. Não haveria a ânsia, a aspiração, o almejar ao superior, ao o que? Por que a humanidade sabe que ela evolui? Por que a humanidade aspira para aquilo que nós chamamos aperfeiçoamento? Por que nós o fazemos? Não é porque as igrejas nos dizem isso, mas porque nossas almas nos dizem isso – assim que nós fazemos qualquer grau de contato consciente com a alma.

*Quando você está sendo ofuscado por Maitreya nas suas palestras e na Meditação de Transmissão, é sempre a energia do Amor de Maitreya que Ele libera ou outras energias são liberadas também? Parece existir alguma controvérsia quanto a isso.*

A energia de Amor de Maitreya – o que é chamado "o Verdadeiro Espírito do Cristo" – é sempre liberada, mas não necessariamente sozinha, ou durante todo o período da Transmissão. Enquanto Maitreya está me ofuscando, Ele Mesmo é ofuscado por um grande Avatar Cósmico – o Espírito da Paz ou Equilíbrio – Que trabalha com a Lei de Ação e Reação. Maitreya transmite a energia do Buda – Sabedoria Cósmica – e a Força de Shamballa – a energia do 1º raio da Vontade e Propósito. Junto com essas, Ele libera a energia quádrupla do poderoso Avatar da Síntese: Inteligência, Amor, Vontade, e outra para o qual nós ainda não temos nome, mas que está relacionada com o aspecto Vontade. Todas essas energias Cósmicas são liberadas para o benefício da audiência, participantes da Meditação de Transmissão, e o mundo. Todos gostam da "sensação", da experiência, da energia de Amor de Maitreya – ela é tão edificante, quente e fácil de absorver – e por essa razão, eu algumas vezes peço para que ela seja liberada sozinha e separada da fusão de todas as energias, que é algo mais comum. Eu hesito em fazer isso muito freqüentemente no entanto, de forma a não interferir com os planos energéticos de Maitreya.

Muitas pessoas, principalmente aquelas que estão predominantemente na linha de raios 2-4-6, acham as outras energias, particularmente a Força de Shamballa e aquelas do Avatar da Síntese, bem perturbadoras, alheias à elas, difíceis de absorver e de se "lidar". Pode levar tempo (algumas vezes um longo tempo) para que tais pessoas aceitem estas forças como benéficas do jeito que elas aceitam a energia do Amor do Cristo. Como de costume, é uma questão de conhecimento e experiência.

*O que a Hierarquia faz com todas essas energias?*
Apenas a Hierarquia sabe disso. Ela as enviam para onde elas são necessárias, que pode ser para um país ou área em particular no mundo, ou apenas simplesmente para encher, ou manter em um nível alto, o reservatório de energias espirituais no mundo. É muito importante, de fato, que as pessoas em grupos de Meditação de Transmissão não dirijam as energias. Elas devem deixar isso para os Mestres, Que exclusivamente sabem onde elas são necessárias e em que equilíbrio e potência em particular. Esta é uma situação que muda de momento a momento, que apenas o Cristo tem a ciência para entender. Então, embora você possa achar: "Que boa idéia é enviar um pouco de energia boa para o Oriente Médio," você poderia estar fazendo a coisa totalmente

errada. A energia sendo transmitida através do grupo naquele momento em particular, pode ser justamente a energia que não é necessária no Oriente Médio. Então, não deve-se enviá-la para nenhum grupo, nenhuma pessoa em particular.
O Cristo está em cargo destas energias a todo o momento, de momento a momento. Conforme Ele olha para o mundo com todos os seus problemas, Ele pensa sobre eles energeticamente: isso precisa de estímulo, aquilo precisa ser lidado de forma cautelosa, aquilo precisa, talvez, de retirada de energia. Então, Ele não envia uma única coisa que nós chamamos energia, mas a energia da Vontade, ou do Amor, ou da Organização, ou o que seja. É a mistura delas que cria o efeito no mundo. Então você pode ver o quão inútil é tentar decidir por você mesmo o que aquela energia deve ou não deve fazer. É uma ciência tão complexa e oculta, que apenas os Mestres podem conhecê-la.

*Como você sabe, como um indivíduo, que você não está entrando em contato com energias que são perigosas para você?*
Você não sabe; a humanidade ainda não tem a ciência pela qual ela possa julgar o valor do perigo de qualquer energia em particular. Essas energias entram neste planeta do cosmos, e não há nada que a humanidade possa, neste presente estágio, fazer quanto a isso. Daí a contínua necessidade da Hierarquia dos Mestres em ficar por trás do mundo.
Eles são o governo interno do planeta. Eles são os Guardiões de todas as energias entrando na Terra. Em Suas mãos, está o seu destino. Eles são grandes cientistas Que respondem ao, e conhecem o valor e perigo de qualquer energia em particular entrando neste planeta. Eles manipulam as energias cientificamente, contrabalanceando algumas, nos protegendo do impacto

de outras, e canalizando aquelas que nós precisamos e podemos usar.

Nesta vindoura Era de Aquário, nós mesmos nos tornaremos os Guardiões dessas energias, com a Hierarquia dos Mestres vivendo entre nós uma vez mais, ensinando e nos guiando. Nós iremos aprender a utilizar, canalizar e manipular as energias do universo, energias das quais hoje nós estamos totalmente inconscientes. Algumas delas são de fato altamente perigosas; algumas delas são de grande benefício. Mas mesmo a mais benéfica energia é de pouco valor para a humanidade se ela está em uma potência mais alta do que nossos centros podem suportar; daí a necessidade por proteção. Os Mestres agem como uma rede protetora, como também o fazem certos grandes devas ou anjos, afim de protegerem a humanidade dessas energias potencialmente ruins; não há a necessidade de se ter medo quanto a isso. Não há forma de se dizer que nós as estamos contatando, mas os Mestres cuidam delas para nós.

*Quando nós estamos em grupos de Transmissão, nós estamos dando ou recebendo energia?*
O que nós estamos fazendo é serviço, dando nossos veículos como instrumentos através dos quais a energia pode fluir. Nós não estamos dando energia para ninguém; nós estamos recebendo ela do Reino das Almas, o Reino Espiritual, composto dos Mestre e os Iniciados da Sabedoria. Nós estamos recebendo elas no sentido de que elas estão fluindo através de nós, mas elas não podem fluir através de nós sem estimularem os centros através dos quais elas se movimentam, e nós também recebemos os benefícios aos transmitirmos essas energias.

*(1) As energias enviadas pelos Mestres durante a Transmissão são inicialmente enviadas através do*

*antahkarana grupal e então através dos antahkaranas individuais? (2) O indivíduo recebe as energias inicialmente em seu antahkarana, e elas são enviadas então através dos chakras? (3) Os Mestres escolhem através de quais chakras a energia pode ser enviada? Talvez seja um processo automático? (4) O estado dos chakras automaticamente "atrai" mais ou menos energia?*
(1) Sim e não. Depende do grupo. (2) Sim. (3) Sim. (4) Sim.

*Através de quais chakras as energias entram, e através de quais elas saem?*
Isto depende do ponto de evolução do indivíduo, e portanto de quais chakras estão abertos e podem ser usados. Com a maioria, o coração, a garganta e o ajna são usados. Com alguns, o chakra da coroa é também utilizado. Com alguns mais avançados, todos os sete chakras são usados.

Também depende da estrutura de raios da pessoa evolvida, a linha de força na qual as pessoas estão, como almas, como personalidades, com corpos mental, astral e físico – todos estes podem estar em raios diferentes. Então não é possível dizer que essas energias vêm através de um centro e saem através de outro, porque isso depende do indivíduo. As pessoas variam enormemente no estado de desenvolvimento dos chakras individuais. Se um chakra através do qual esta energia em particular normalmente fluiria, não está aberto o suficiente, outros chakras podem ser usados pelos Mestres para transmitir. Há um limite na extensão na qual isso pode ser feito, mas dentro desse limite, isso é feito.

Falando de forma geral, as pessoas irão receber e transmitir energias sobre sua própria linha de força. Existem sete linhas de força, sete energias de raio, e as pessoas podem estar sobre a linha 2-4-6, ou a linha 1-3-5-7. Um grupo pode ser composto de pessoas de todos os raios diferentes. Enquanto as energias estão sendo transmitidas, você pode descobrir que metade do grupo está transmitindo as energias de raio 2-4-6 e a outra metade está transmitindo as energias de raio 1-3-5-7. Existem também alguns grupos que estão em uma linha ou outra. Mas há um movimento na Hierarquia pelo qual aos discípulos está sendo dada a oportunidade, mais ou menos, de lidarem com energias da linha que não é a deles.

*Existe uma conexão entre Meditação de Transmissão e kundalini?*
A Meditação de Transmissão necessariamente envolve o despertar e correto direcionamento da energia kundalini na base coluna. O chakra da base é sempre o último a ser ativado, com a kundalini sendo gradualmente elevada através dos já preparados centros em uma seqüência especial, dependendo do indivíduo. Este processo científico está nas mãos experientes dos Mestres dirigindo a Transmissão. Não há nada que alguém precise "fazer" quanto a isso. Prematuro despertar e elevação da kundalini, sem preparação dos chakras superiores, é altamente perigoso e não deve ser tentado.

*(1) Se a kundalini se elevar, isso é uma iniciação ou a iluminação? (2) Você é transformado depois que isso aconteceu?*
Depende da situação. Muitas pessoas praticam alguma forma de yoga kundalini e deliberadamente elevam a energia kundalini dormente na base da coluna. Isso é extremamente perigoso, a não ser que seja feito sobre a supervisão de um avançado instrutor iniciado. O fato de que o fogo da kundalini pode ser erguido, não constitui nem iniciação ou iluminação. Isso também pode levar à loucura se os chakras não estão preparados de antemão para recebê-lo. No curso normal da vida, a kundalini está se erguendo a todo momento, mas em quantidades

pequenas, controladas, sendo assim, de forma segura. A vida regulada de serviço é a melhor garantia do controle seguro da kundalini. Quando ela é cientificamente guiada através dos chakras, preparados nesta seqüência correta, haverá eventualmente um grau de iluminação e, se a pessoa está pronta, iniciação.

*A localização física da kundalini é na área do períneo?*
Sim, mas não se incomode tentando olhá-lo. Tome minha palavra quanto a isso.

*Ela também pode ser sentida como uma pressão e uma sensação de formigamento?*
Sim, mas também podem ser outras coisas.

*A kundalini pode ser vista como uma imagem mental de um objeto ou substância de cor clara emergindo de uma área de escuridão, lembrando uma cobra saindo de sua toca?*
A kundalini pode ser vista de vez em quando, mas eu nunca a vi desta forma. Podem bem existir pessoas que a viram desta forma, e você pode ser uma delas. Se você o fez, você pode estar vendo-a em uma das 10.000 formas nas quais ela pode ser vista.

*O indivíduo experiencia efeitos positivos quando está transmitindo energia?*
O Cristo e os Mestres agora têm às Suas disposições, energias cósmicas que Eles nunca tiveram antes, em uma potência totalmente nova. O trabalho de Transmissão é um processo muito dinâmico de se enviar essas energias ao mundo. Você não pode fazê-lo sem recebê-las através de seus centros, que são carregados, ativados, e elevados em suas atividades como o resultado.

Quando os Mestres medem a evolução, eles olham de forma clarividente ao mundo. Eles não olham para seus pensamentos para verem se você está tendo bons ou maus pensamentos – de forma alguma. Eles vêem a luz interna do indivíduo, uma luz turva ou uma brilhante. Quando eles vêem uma luz firme, brilhante, Eles se interessam quanto àquele indivíduo. Eles olham para o estado dos centros, afim de avaliarem seu exato ponto na evolução. Eles podem dizer com uma olhada se os centros estão abertos ou ativados, o quanto eles estão abertos, se eles estão girando rápido ou lentamente, e em que direção, as cores que eles emitem, a qualidade da aura, e por aí vai. Eles podem então avaliar o indivíduo de acordo com isso.

Na Meditação de Transmissão, os Mestres escolhem a quantidade de energia para uma pessoa em particular e Eles a enviam através de você. Você pode entender o quão potente a energia Deles pode ser. Eu não sei de nada que é mais potente do ponto de vista da evolução individual.

Ela é uma câmara de compensação, um processo forçado. Em um ano deste trabalho de Transmissão, você pode fazer o crescimento interno igual a muitos anos de outras formas de meditação. Existem muitas meditações e técnicas de yoga que podem almejar à mesma estimulação dos centros e, enquanto elas podem ter valor e relevância, elas podem ser perigosas a não ser que elas sejam feitas sobre a orientação de um Mestre. O trabalho de transmissão, por outro lado, é sempre feito sobre a supervisão dos Mestres e é perfeitamente seguro.

*Conforme você continua a fazer o trabalho de Transmissão, o seu ambiente muda assim como você, ele evolui assim como você evolui?*
Necessariamente sim, porque você se torna mais radiante. Você irradia uma freqüência mais elevada de energia, e portanto têm mais impacto no ambiente. Este impacto pode ser para o bem ou para o mal, dependendo do

motivo. Se você está participando de um trabalho de Transmissão deste tipo, seu motivo será o de serviço ao mundo, e irá inevitavelmente ter um efeito benéfico no ambiente Isso não quer dizer que seu ambiente irá responder à ele necessariamente de uma forma positiva, porque ele produzirá mudança. Cada fluxo de energia espiritual mais elevada, produz mudança no recebedor. É assim que a evolução prossegue: pela nutrição do reino acima através da energia que produz a mutação, que produz a própria evolução. Então, aqueles com os quais você vive e trabalham irão certamente perceber uma mudança em você. Aqueles que entram na meditação algumas vezes mudam profundamente, dependendo de sua personalidade e profundidade na qual a alma penetrou no indivíduo. Você perceberá, também, um acúmulo de energia na casa na qual a Transmissão ocorre.

*A Meditação de Transmissão é acelerada em pontos energéticos do mundo, por exemplo, em Stonehenge na Inglaterra?*
Não. Eu acredito que há uma interpretação errada aqui. As energias transmitidas não dependem de algum estímulo físico externo, mas do Plano dos Mestres Que as enviam, e do ponto de evolução das pessoas nos grupos transmitindo. Quanto mais evoluída as pessoas, de forma mais potente e mais segura a energia pode ser enviada pela Hierarquia.

*Qual é a diferença entre energias da Meditação de Transmissão e energias curativas?*
Energias curativas são, em sua maior parte, etéricas. Elas vêm do plano etérico, mas há também um pouco de energia da alma envolvida. Os grupos de Meditação de Transmissão lidam com energias espirituais, cósmicas em origem, vindas de várias fontes elevadas como descritas anteriormente. É algo diferente de grupos

enviando energias curativas para outros grupos ou indivíduos. Neste caso, eles iriam dirigi-las. Mas como um grupo de Transmissão nos termos que eu estou falando, eles não devem dirigi-las. Nem eles devem ver esta Meditação de Transmissão como uma forma de entrar em contato com "guias", aqueles no plano astral que eles acreditam estar dando mensagens à eles.

*Alguns de nós que estiveram trabalhando em um grupo de Meditação de Transmissão, gostaríamos de enviar "pensamentos curativos" para pessoas em necessidade depois que a Transmissão termina. Você, por favor, recomendaria algumas dicas, diretrizes ou métodos que estão em linha com isso?*

Uma simples e eficiente técnica é a seguinte: mantendo a mente "firme na luz" (focada no centro ajna), visualize e/ou nomeie as pessoas uma após as outras. Ao mesmo tempo, peça em voz alta que o poder curador de Deus seja direcionado para aqueles em necessidade. Esta invocação encontrará resposta em certos Mestres Que, seja diretamente ou através de Seus discípulos, levarão adiante a cura (dentro, é lógico, dos limites do karma).

*Você, por favor, poderia explicar o que se quer dizer por "manter a mente firme na luz"?*

Através da meditação corretamente realizada, o antahkarana, ou canal de luz entre o cérebro físico e alma, é gradualmente construído e fortalecido. Por meio deste canal, a luz da alma é ancorada na cabeça do discípulo. Isso é visto como uma brilhante luz dentro da cabeça durante a meditação. Com a atenção levada internamente e em direção acima para esta luz, a mente é mantida "firme", isso quer dizer, sem pensamento ou movimento da mente inferior. Nesta condição de atenção focada sem pensamento, os níveis intuitivos da mente podem agir; gradualmente, isso se torna uma condição instintiva, fixa, não precisando de uma "introspecção" formal através da meditação para criá-la.

    Muitas pessoas acreditam que qualquer pensamento ou idéia que entra na mente durante a meditação vem do nível intuicional da alma e está guiando suas ações. Isto de forma alguma é o caso. É extremamente difícil para o aspirante ou discípulo comum "manter a mente firme na luz" por tempo o suficiente para invocar a intuição, e a "orientação" que a maioria das pessoas recebem, é aquela de suas próprias mentes inferiores através do subconsciente.

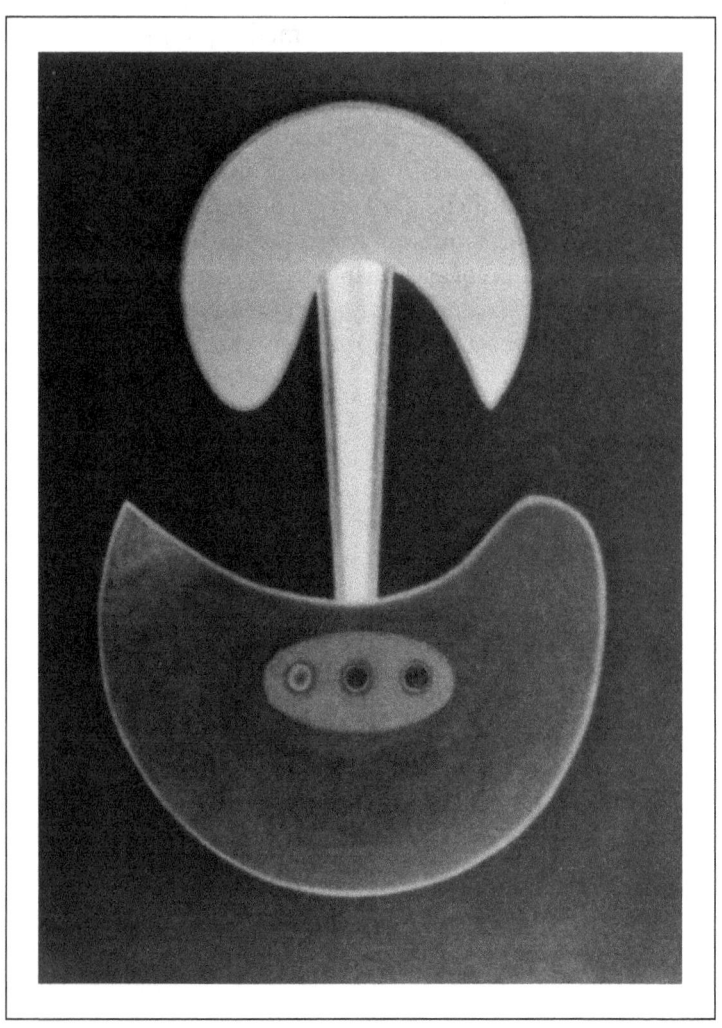

Esta pintura, *Antahkarana*, foi pintada por Benjamin Creme, em 1968. O antahkarana representa o canal ou ponte de luz que é formado entre a personalidade e a alma através da meditação.

*Você pode explicar a construção do antahkarana, a ponte de luz?*

A construção do antahkarana, a ponte de ligação do cérebro físico com a alma, prossegue de acordo com a efetividade (mais ou menos científica) da meditação da pessoa. A meditação leva à unificação, através da ponte, da alma e da personalidade. Eventualmente, três fogos ou correntes de energia são levadas abaixo pela alma e constituem o canal de comunicação entre a alma e o cérebro. Através deste canal, a Luz, Amor, e eventualmente Vontade da alma, podem fazer suas aparições no plano físico. A construção do antahkarana prossegue inconscientemente a partir da alma para baixo, durante a meditação, e leva várias vidas para ser aperfeiçoado.

*Algumas práticas de meditação reivindicam não apenas ajudar a construir o antahkarana, mas também, em formas mais avançadas, a eliminar formas de pensamento do campo do indivíduo. A Meditação de Transmissão conseguirá não apenas "construir" o canal, mas também remover as formas de pensamento?*
Nenhuma séria – isto quer dizer, científica – meditação, é criada para "remover formas de pensamento." Formas de pensamento são o resultado da capacidade natural dada por Deus da mente em pensar, em criar formas de pensamento, das quais todas as ações saem. O problema está na qualidade criativa ou destrutiva das formas de pensamento. Através da meditação científica (e nenhuma meditação é mais científica do que a Meditação de Transmissão, porque ela está nas mãos dos Mestres cientistas), o antahkarana é criado e fortalecido, assim permitindo que as energias da alma entrem nos veículos da personalidade. Estas incluem as energias da mente superior e Budi, que nós chamamos de intuição. As formas de pensamento, saindo destes

níveis, são as inspirações criativas para todas as grandes realizações e não são aquelas que devem ser "eliminadas do campo do indivíduo".

As formas de pensamento que de fato precisam ser removidas são aquelas saindo das reações astrais/emocionais. Estas são persistentes padrões de pensamento de uma natureza negativa, que inibem o fluxo e uso de energia da alma. Estas podem ser removidas permanentemente apenas pela mudança gradual de polarização para o plano mental, assim tirando, das reações emocionais, seus nutrimentos astrais. Meditação de qualquer tipo irá acelerar este processo; a Meditação de Transmissão certamente irá fazê-lo, por causa de sua incomum potência e base científica.

*Existem grandes diferenças entre o trabalho dos Triângulos e os grupos de Meditação de Transmissão que você procura criar?*
Não em princípio, mas o trabalho de grupo da Meditação de Transmissão é mais potente e dura mais. Ele tem outros propósitos, também. O movimento dos Triângulos foi inaugurado pelo Mestre Djwhal Khul, através de Alice Bailey, para uso com as duas primeiras partes da Grande Invocação que foram liberadas ao mundo em 1936 e 1940. Foi uma tentativa (e uma bem sucedida) de ligar pessoas em substância mental – fazendo-as formar uma unidade mais poderosa do que elas separadas. O movimento dos Triângulos consiste em organizar esses triângulos.

  Para ser um membro de um triângulo, você simplesmente concorda com dois amigos em formar um. Vocês não precisam estar na mesma localização. Vocês não precisam dizer a Grande Invocação no mesmo dia. Cada um a diz em voz alta quando e onde for conveniente, e quando vocês o fazem, cada um de vocês se liga mentalmente com os outros dois membros do triângulo. Visualize circulando acima das cabeças de vocês três um triângulo de luz branca. Veja o seu triângulo ligado à uma rede de tais triângulos que cobrem todo o mundo. Dizendo a Grande Invocação, você automaticamente invoca a energia, que é potencializada por aquele triângulo em pensamento, assim como ela é potencializada pelo grupo que está se encontrando no plano físico. Mas se encontrar no plano físico adiciona um dimensão, uma vitalidade, que está ausente quando isto é apenas feito no plano mental. É possível para triângulos agirem de uma forma interligada e ainda permanecerem triângulos. Você pode estar em um triângulo com outras duas pessoas, e por aí vai. Então você é parte de uma rede, mas você ainda trabalha em formação triangular. Esta que é a coisa importante.

Mas é ainda melhor se vocês puderem trabalhar juntos como um grupo de Meditação de Transmissão, em separado dos triângulos que você pode ter com pessoas com as quais você nunca se encontra. Não é um ou outro, mas ambos. Mais energia da Hierarquia pode ser colocada de forma segura através de um grupo de Transmissão, do que através do mesmo número de indivíduos separados. Quando os indivíduos estão fisicamente presentes juntos, energias podem ser enviadas em freqüências mais elevadas, e podem circular entre eles, criando padrões únicos como triângulos, estrelas, e outras configurações. Já que as energias são enviadas dessa forma, elas são especialmente potencializadas. Não há nenhuma diferença real entre o trabalho dos Triângulos e o dos grupos de Transmissão; a única diferença é aquela da potência e quantidade de tempo devotada à atividade.

*Durante minha meditação individual, quando eu estou fazendo o trabalho dos Triângulos que Alice Bailey descreve em seus livros, é absolutamente necessário dizer* a Grande Invocação em voz alta, ou é eficiente da mesma forma dizê-la mentalmente? Dizê-la mentalmente parece me permitir permanecer mais focado, principalmente se eu crio um triângulo antes do final do meu período de meditação. Ela deve ser pensada, mentalmente.

*Você diria que a Meditação de Transmissão é mais potente do que qualquer outro tipo de meditação?*
Sim. Outras formas de meditação grupal dependem do contato do grupo com sua alma, enquanto que a Meditação de Transmissão não. Na Transmissão, a meditação ocorre do nível da alma, mas está sobre o controle dos Mestres, não do grupo. Participar de uma meditação grupal (da alma) é útil, mas de forma alguma tão potente e útil quanto participar em um grupo de Transmissão, porque neste, a energia está vindo da Hierarquia. Em um ano de trabalho de Meditação de Transmissão, você pode fazer um avanço que um indivíduo ou um grupo levaria muitos anos em uma meditação pessoal ou grupal comum, não importa o quão potente ela possa ser. É lógico, quanto mais avançados os indivíduos, mais imbuído pela alma é o grupo, e mais potente é a Meditação de Transmissão. Mas seja lá em que nível aconteça de nós estarmos, nosso trabalho e atividade de serviço são potencializados mais pela Meditação de Transmissão do que por qualquer outra forma de meditação. Foi por isso que ela foi dada neste momento.

*Se você está em um grupo de Meditação de Transmissão, está tudo bem você participar de outros tipos de meditação grupal, ou estudar com um guru em particular?*
Sim. A Meditação de Transmissão não trabalha contra nenhuma outra forma de meditação. De fato, ela irá melhorar a qualidade e efetividade de qualquer outra

meditação que você possa fazer. Cada indivíduo hoje, seja lá o seu nível, seu plano de fundo, seu tipo de mente e tradição, tem um ensinamento, um caminho, uma meditação, ou um guru disponível para ele. Todos os verdadeiros gurus são membros da Hierarquia em algum nível, iniciados de algum grau. Quanto mais desenvolvido o indivíduo, mais elevado será o guru para o qual ele será atraído.

Estes gurus são eles mesmos centros de força que agem como transmissores da energia de seus Mestres. Normalmente, gurus são da tradição indiana, na qual há uma linhagem direta de guru, para guru, para devoto. Mas dentro da Hierarquia, isso é feito de uma forma menos individualista. Não é transmitido normalmente através de um ponto, embora possa ser. Pode existir uma pessoa em um grupo de Transmissão que aja como o núcleo deste grupo, e através da qual a energia flua mais diretamente e de forma mais potente, e desta forma, sem ser um guru em qualquer tipo de sentido educativo, ele ou ela age como um ponto de força maior dentro do grupo.

*Se eu faço a Meditação de Transmissão, eu posso continuar com minhas outras práticas, por exemplo, dizer orações Islâmicas; ou elas irão interferir uma com a outra?*
A Meditação de Transmissão não irá interferir ou trabalhar contra qualquer tipo de outra prática espiritual que você tiver. Ao contrário, ela irá aumentar o valor de cada prática. No entanto, elas não devem ser feitas ao mesmo tempo.

*Eu fui introduzido à Meditação de Transmissão recentemente, e eu comecei a participar nela porque eu me atrai à idéia de serviço mundial. No entanto, eu não me sinto confortável quanto a participar nas outras atividades do grupo. Será necessário para eu fazer ambos se eu quiser continuar a fazer o trabalho de Meditação de Transmissão?*

Não. Existem grupos usando a Meditação de Transmissão que também estão envolvidos em várias atividades, tais como desenvolvimento psíquico, ensinamentos através de médiuns, outras formas de meditação usando vários ensinamentos, grupos de estudo, etc. Estes são tipos de atividades auto-orientadas e auto-centradas. Eu gostaria de tornar bem claro que não há conexão entre estas duas atividades. A Meditação de Transmissão é uma forma puramente científica, na qual os Mestres da Hierarquia enviam energias espirituais para o mundo através de grupos de Meditação de Transmissão, e ela é realizada com motivação altruísta de se servir ao mundo. Ela não deve ser confundida com qualquer outro tipo de atividade.

    Em resposta à solicitação do meu Mestre, nós não criamos nenhum muro (como colocar um nome na organização do grupo, escritórios, secretários, etc) ao redor do trabalho de Transmissão, e qualquer indivíduo ou grupo com aspiração em cooperar com a Hierarquia, pode participar deste trabalho. Enquanto se está fazendo a Meditação de Transmissão, inevitavelmente, o crescimento do indivíduo ou do grupo será acelerado, e suas atividades exteriores se tornarão mais potentes.

    No entanto, os dois nunca devem ser confundidos. As pessoas que se juntam à Meditação de Transmissão não devem sofrer pressão para participarem das outras atividades do grupo, e vice versa. Um certo tempo deve ser deixado de lado apenas para se fazer a Meditação de Transmissão.

*Por favor, diga-me o que se quer dizer pelas frases "Meditação de Transmissão" e "Meditação Transcendental". Qual das duas um iniciante deve adotar e por quanto tempo a meditação deve ser sustentada?*

A Meditação Transcendental é uma forma de meditação introduzida no Ocidente por Maharishi Mahesh Yogi muitos anos atrás, e ela tem adeptos, eu acredito, na maioria dos países do mundo. É uma forma de meditação pessoal que pode ser expandida para meditação grupal. Existem cada vez cursos mais elevados a se tomar.

A Meditação de Transmissão, por outro lado, foi introduzida através de mim pelo meu Mestre. Ela oferece uma oportunidade para serviço para aqueles participando da transmissão de energias espirituais da Hierarquia dos Mestres, assim diminuindo suas freqüências e as tornando mais acessíveis. Isso é feito em grupos, e é uma forma muito potente de serviço por um lado, e de crescimento pessoal de outro.

Não é uma questão de se fazer uma forma de meditação ou outra. Eu certamente a recomendaria para todos que desejam participar da Meditação de Transmissão. Eu não conheço nada de mais valor para o indivíduo ou para o planeta. Mas sua prática não elimina qualquer outro tipo de meditação pessoal que atraia o indivíduo. A Meditação Transcendental é um método muito simples, que a maioria das pessoas podem fazer, e eu certamente a recomendaria para qualquer um. O iniciante, eu acredito, é normalmente aconselhado a meditar por 15 a 20 minutos, duas vezes por dias, e para meditação pessoal isso é adequado. A Meditação de Transmissão, por outro lado, pode continuar por um tempo muito longo.

*Os grupos de Meditação Transcendental e de meditação Zen transmitem sem saberem disso?*
Não da maneira dos grupos de Meditação de Transmissão, que invocam e transmitem energias da Hierarquia. Na Meditação Transcendental e Zen (e todas as meditações pessoais), a energia é recebida da própria alma daquele que medita, mas algumas vezes também

de um Mestre, por exemplo, Guru Dev, para as pessoas na Meditação Transcendental. Para que a Hierarquia use um grupo para transmissão de energia, há a necessidade de se ter uma disposição consciente da parte daqueles que meditam para cooperarem com o Cristo e os Mestres. Eles nunca infringiriam nosso livre-arbítrio. Se a Grande Invocação é usada, isso será uma Transmissão.

*Você disse que a Meditação de Transmissão é compatível com a Meditação Transcendental. Isso também vale para a Kriya Yoga?*
Sim. A Meditação de Transmissão é compatível com todas as outras formas de meditação, e pode apenas aumentar o efeito de quaisquer outras usadas. Ela é na verdade, uma forma de Kriya Yoga, mas o trabalho é feito para você pelos Mestres, de forma totalmente científica e oculta. Kriya Yoga é uma poderosa yoga dos centros, na qual você mentalmente guia a energia ao redor dos chakras continuamente. Ela é muito ativa e necessita de uma grande quantidade de concentração e esforço. Algo similar ocorre na Meditação de Transmissão, mas é feito pelos Mestres de forma mais científica do que qualquer outra pessoa poderia fazer sozinha.

*Existem muitas técnicas diferentes de meditação disponíveis hoje; alguns sistemas, como a Meditação Transcendental ou Zen, não ressaltam a necessidade de nenhuma qualificação moral antes de se meditar. Outras ressaltam que a meditação, sem a base de um "bom caráter', é perigosa. A Meditação Transcendental ou qualquer outra forma de meditação deve ser realizada quando aspectos da sua natureza ainda estão descontrolados?*
Toda meditação é "perigosa" no sentido de que ela perturba o "status quo". O efeito, nos corpos inferiores,

da energia da alma invocada pela meditação, é sempre perturbador (inicialmente) para o "homem inferior". Isso não precisa causar uma grande preocupação na maioria dos casos, já que o equilíbrio (em uma freqüência mais alta) é normalmente restabelecido depois de pouco tempo. Este processo de perturbação e restabelecimento do equilíbrio é repetido continuamente até que a terceira iniciação possa ser tomada. "Bom caráter" não deve ser igualado com total controle da natureza inferior, a personalidade. Se total controle fosse necessário para se começar uma meditação, ninguém com exceção dos altos iniciados poderiam fazê-la. A exigência importante (e garantia) é que a energia da alma invocada pela meditação deva ser utilizada em alguma forma de serviço altruísta ao mundo. De outra forma, todos os tipos de dificuldades, doenças e/ou neuroses podem ocorrer.

*(1) A Meditação Transcendental pode criar problemas psico-fisiológicos, como relatados por muitas pessoas que meditam, ou apenas quando ela não é devidamente praticada? (2) Estes problemas não estão ligados à pratica? (3) Qual seria o seu conselho para tais pessoas?(4) A Meditação Transcendental é uma técnica benéfica? (5) Você recomendaria uma mudança da Meditação Transcendental totalmente para a Meditação de Transmissão, ou ambas podem ser praticadas juntas?*
(1) Não se adequadamente praticada. (2) Os problemas não estão ligados à prática. (3) Procure conselho de um praticamente. (4) Sim. (5) A Meditação de Transmissão é mais um serviço, e então mais benéfica para o mundo, mas ambas podem ser praticadas em tempos diferentes.

*É verdade que a meditação abaixa a taxa de criminalidade, como praticantes da Meditação Transcendental dizem?*

Eu acredito que ela o faz em alguma extensão. Todas as ações humanas são o resultado da resposta às energias e as às idéias encarnando energias. Um grande grupo de pessoas engajadas em meditação dinâmica criam ondas de pensamento de um tipo construtivo, que devem ter alguma influência na atmosfera mental circundante.

*Em qualquer situação de guerra, é possível para grandes grupos de pessoas que meditam, estejam elas praticando Kriya Yoga, Meditação de Transmissão ou Meditação de Transcendental, transformarem o ambiente hostil em algo mais coerente e pacífico? (por um grande número, eu quero dizer, 1.000 pessoas meditando ou mais, ou vários grupos.)*
Apenas bem indiretamente. A energia gerada pela Kriya Yoga e a Meditação Transcendental, vem das almas daqueles que meditam. Enquanto é útil, isso não é necessariamente o que é requerido em uma situação de guerra. A energia liberada na Meditação de Transmissão vem da Hierarquia, portanto de fontes Cósmicas, Solares e extra-planetárias, e é distribuída cientificamente pela Hierarquia. Mesmo assim, em situação de guerra, a Hierarquia almeja retirar energia da zona de guerra, assim reduzindo a ação destrutiva dos combatentes. O envio de energia "espiritual" (o que é implicado na pergunta), poderia ser totalmente errado.

*A Meditação de Transmissão pode ser praticada diariamente como uma forma de meditação pessoal, ou ela deve ser praticada apenas em um grupo em um momento apropriado?*
A Meditação de Transmissão é essencialmente uma meditação grupal e uma forma de serviço grupal. Ela pode, é lógico, ser praticada também como uma meditação pessoal, e irá fortalecer o efeito da última.

*Qual é a relação entre meditação pessoal e Meditação de Transmissão? Meditação pessoal é essencial para se fazer progresso?*
A Meditação de Transmissão irá fortalecer a meditação pessoal, e a meditação pessoal irá reforçar a eficiência da sua Meditação de Transmissão.

    Meditação pessoal não é essencial para se fazer progresso, mas ela é bem útil. É uma forma, entre outras, de se fazer progresso.

*Em um grupo de meditação, se algumas pessoas estão tentando fazer a Meditação de Transmissão enquanto que outras estão fazendo uma meditação pessoal não baseada na Transmissão e serviço, a transmissão de energia é limitada para aqueles membros conscientemente fazendo a Meditação de Transmissão, ou todos contribuem?*
A transmissão de energias da Hierarquia seria limitada para aqueles fazendo a Meditação de Transmissão. Aqueles fazendo uma meditação pessoal podem receber a energia de suas próprias almas.

*Qualquer encontro para oração ou meditação é uma forma de transmissão?*
Se invocação está envolvida – oração é uma forma de invocação astral – então sim. Mas simples meditação pessoal, seja individualmente ou em grupos, não necessariamente envolve transmissão além dos participantes.

*Você pode descrever as diferenças entre oração, meditação e Transmissão?*
Oração é uma expressão de súplica, normalmente manifestada através do plexo solar; ela pode também, em sua forma mais elevada, conter energias do coração, como uma comunhão silenciosa, de coração a coração, com a Fonte Divina da Qual nós somos parte.

O plexo solar é a base das emoções, da natureza astral ("astral" e "emocional" são termos sinônimos), e o coração é a base do astral superior e da aspiração espiritual. O objetivo do processo evolucionário está ocorrendo através da mudança da quase total resposta emocional, que é prevalente no mundo, para a resposta do coração, assim transformando a emoção em amor. O corpo astral, o corpo das emoções, evoluiu na humanidade durante a raça Atlante. Este foi um grande período de tempo, de 12 milhões, até cerca de 98.000 anos atrás. Durante esta experiência racial, a humanidade aperfeiçoou o corpo astral – seu corpo sensório, de sentimentos, emocional. Tão bem o homem Atlante realizou esta tarefa, que o corpo astral é o mais poderoso veículo que a humanidade tem hoje.

A maioria de nós somos emocionalmente polarizados, e somos levados pelas energias do plano astral. Elas causam tumulto na humanidade, e são a fonte da maioria de nossos problemas e dificuldades. Quanto mais cedo a humanidade puder usar o plano mental para controlar as energia do plano astral e elevá-las até o centro do coração, mais cedo a humanidade irá começar seu progresso em direção à divindade.

Na verdade, o Mestre DK disse que a coisa mais importante que você pode fazer, o maior presente que você pode dar ao mundo, o maior serviço que você pode realizar, é o de controlar seu veiculo astral. Assim que você controla este veículo, aquilo que é energia astral, é transmutada em amor. A atividade do plexo solar é então relegada para aquela de se absorver energia do sol, que galvaniza o corpo físico. Através do baço, esta energia é distribuída através do corpo como um todo, enquanto que a energia emocional é elevada e expressada através do coração como amor. O corpo astral é para ser uma espécie de espelho – um calmo reservatório no qual o nível búdico, a intuição espiritual, pode se refletir. Para a maioria das pessoas, ele é um

caldeirão espumante, balançado de um lado ao outro por todas as emoções às quais nós somos inclinados. Até que as conquistemos e as transmutemos em amor, nós não poderemos nos tornar divinos. Mas quando nós o fazemos, nós tomamos o primeiro passo em direção à divindade.
Oração em seu melhor é aspiração. Quanto mais alta a aspiração, mais atividade do coração ela irá envolver. A Meditação é o meio por excelência de se tornar alinhando com, e gradualmente imbuído pela energia da alma, o Ser Superior. É o modo de se levar à uma identificação com a alma. Invocação é algo diferente, e Transmissão também está associada à invocação. É o chamado de energia de uma fonte espiritual mais elevada, e a transmissão desta energia para uma fonte inferior. A Transmissão é uma ponte entre a fonte superior, a Hierarquia, e a fonte inferior, a humanidade em geral.

*Qual é a diferença entre energias transmitidas através dos grupos de Meditação de Transmissão e aquelas utilizadas, por exemplo, nos rituais da Igreja Católica Liberal ou outros serviços em templos?*
A diferença não é grande com exceção do método utilizado. A transmissão de energias é a mesma, seja lá de que forma ela ocorra. As pessoas envolvidas nessas práticas religiosas exotéricas podem não ter idéia de que elas estão transmitindo energia. Mesmo assim, quando você vai para qualquer uma das grandes catedrais do mundo, se você é sensível de alguma forma às energias, você se tornará consciente das, algumas vezes, tremendas vibrações nessas construções. Elas são normalmente construídas em centros de poder. Elas são energizadas e potencializadas pelo Cristo e os Mestres e são destinadas a serem centros de força e cura, embora elas dificilmente sejam, se já foram, usadas como tais pelos grupos Cristãos. Em outras partes do mundo, em

templos e outros centros de poder, as energias são usadas terapeuticamente como se esperava que fossem. Na Igreja Católica Liberal, a transmissão de energia é feita de forma muito mais consciente e deliberada. Os participantes experienciam a energia mais diretamente. A invocação é o verdadeiro ritual da cerimônia. A Meditação de Transmissão é muito mais simples, mais científica, e sem ritual.

*Quando um grupo está transmitindo, o que se deve fazer para se impedir que alguma entidade ou entidades dirijam as energias para onde elas desejarem? Não é glamour pensar que os Mestres estão dirigindo as energias? Você não está, em um sentido, abrindo mão do seu livre-arbítrio?*
Se você está trabalhando em um grupo de Meditação de Transmissão, pode se assumir, eu acho, que você terá aceito que as energias sendo canalizadas através de você vêm da Hierarquia. Já que este é o caso, não é lógico também que os Mestres enviem essas energias conscientemente, cientificamente, dirigindo-as de acordo com a potência, equilíbrio e destino? Isto sendo assim, não é também lógico assumir que sendo Mestres Cientistas e Conhecedores, Eles podem e de fato impedem qualquer interferência com Seus propósitos e trabalho? A Meditação de Transmissão é um ato de serviço, feito de bom grado. Em nenhum sentido você perde o seu livre arbítrio.

*Em nossa Meditação de Transmissão privada, Sai Baba ou o Avatar da Síntese, e o Espírito da Paz, são automaticamente invocados através do uso da Grande Invocação/Mensagens de Maitreya, como no ofuscamento grupal que ocorre em suas palestras públicas/ oficinas de Transmissão?*
Não. Eu temo que haja uma má compreensão nesta pergunta. Sai Baba não é "invocado" em encontros

públicos – nem são o Avatar da Síntese e o Espírito da Paz. A presença das energias do Avatar da Síntese, do Espírito da Paz, e do Buda, são o resultado do ofuscamento de mim mesmo por Maitreya; através de mim isso se torna um ofuscamento grupal. O ofuscamento de mim mesmo por Sai Baba quando ocorre – normalmente em resposta à minha resposta para uma pergunta sobre Ele – está sobre Seu capricho ou decisão.

*Em que grau a transmissão de energias está realmente funcionando?*

Não é possível para nós sabermos exatamente quão eficiente é a transmissão de energias, mas o fato de que a Hierarquia envia as energias, e encoraja a formação de grupos de Transmissão, mostra a importância que Ela coloca neste trabalho. Minha informação é que ela é, sem dúvidas, de importância primária.

*(1) De que forma as Transmissões de 24 horas são diferentes de Transmissões comuns, regulares? (2) Não é melhor realmente se concentrar e transmitir bem por, digamos, cinco horas com 10 ou 20 pessoas, do que 24 horas, às vezes, com apenas três pessoas?*

(1) Elas são muito mais longas! Também, elas são infreqüentes, talvez três vezes, apenas, por ano, nos principais Festivais da Primavera, a Páscoa, Wesak e o da Humanidade. (2) A resposta aqui é um sim qualificado. Há um mínimo essencial, mas não é restrito a três pessoas. Os Três Festivais da Primavera, no entanto, oferecem uma oportunidade única para grupos ao redor do mundo estabelecerem juntos um ritmo potente. Por 24 horas, a Hierarquia pode ligar todos os grupos trabalhando juntos, em uma rede global de luz, que Ela está constantemente criando e potencializando. Há também um poderoso fator psicológico envolvido, o

estímulo adicional de aspiração e serviço que a celebração destes Festivais promovem.

*Na Páscoa, nós tivemos uma Meditação de Transmissão de 15 horas com nosso grupo. Já que o grupo não é tão grande, haviam dificilmente mais do que três pessoas por vez transmitindo em serviço. Não é melhor, portanto, ter uma Transmissão mais curta, por exemplo, oito a 10 pessoas por vez?*
Não necessariamente. Depende das circunstâncias. Certamente, nos principais Festivais, uma Transmissão longa é de valor, mesmo que poucos estejam engajados em qualquer momento.

*(1) A meditação da lua cheia é tão importante quanto a Meditação de Transmissão? (2) Ela se tornará uma celebração especial?*
(1) Sim. (2) Sim.

*Foi publicado na* **Share International,** *que nos domingos depois dos três Festivais – Páscoa, Wesak e o Festival do Cristo – o Senhor Maitreya dá Sua benção às 3 da tarde no horário local. Minhas perguntas são (1) Para quem as bênçãos são dirigidas? (2) Por quanto tempo você deve se manter concentrado no chakra da coroa?*
(1) Para os membros dos grupos de Meditação de Transmissão e aqueles envolvidos em Seu reaparecimento. (2) Não há um tempo definido. Por quanto tempo as energias fluírem, que varia de grupo para grupo.

*Durante os três principais Festivais, quando Maitreya dá um Benção, se um grupo está realizando a Meditação de Transmissão no momento da Benção: (1) ele irá perder a Benção se o foco for mantido no centro ajna; (2) Se ele mudar seu foco para o centro da coroa, a parte de serviço da Transmissão irá parar; (3) os Mestres envolvidos*

*durante o processo de Transmissão acomodariam as Bênçãos de Maitreya como parte da Transmissão; ou (4) Maitreya conduziria a Bênção como uma Transmissão similar com o que acontece durante o seu ofuscamento? (5) Durante a Bênção, é simplesmente o "Princípio Crístico", a energia da própria consciência, que é liberada através dos recebedores?*
(1) Não. (2) Não. (3) Sim. (4) Não. (5) Não, muitas energias.

*O trabalho de Meditação de Transmissão é particularmente importante agora enquanto nós esperamos pela emergência do Cristo? Ele será de tanto valor depois de emergência?*
É impossível super-enfatizar a importância do trabalho dos grupos de Meditação de Transmissão. É provavelmente o trabalho mais importante no qual todos nós podemos estar facilmente engajados, seja lá que outras atividades nós possamos ter em conexão com o Plano, ou seja lá que outra atividade de serviço com a qual nós possamos estar envolvidos. Presentemente, ela é de vital importância em se criar um reservatório de energia e, em conjunto com a meditação e oração, ajudar a invocar o Cristo para a arena exterior do mundo, para permiti-Lo começar Sua missão totalmente aberta no sentido da palavra.

    O trabalho de Transmissão irá certamente ser útil depois da aparição oficial do Cristo e dos Mestres. Na verdade, ela é uma atividade contínua para a Nova Era e além. Os Mestres, de Suas próprias formas elevadas, estão transmitindo energias de fontes superiores, 24 horas por dia. É o principal trabalho da Hierarquia e ele não conhece fim.

*Você diz que a Meditação de Transmissão é tão extraordinária que, acima e além de seu valor de serviço, seus efeitos "secundários" são tão poderosos para aqueles que a praticam, que ela acelera seus desenvolvimentos talvez 10 vezes mais rápido do que qualquer outra forma de meditação pessoal. (1) Como pode ser que você está sozinho em apresentar esta forma de meditação? (2) Por que grandes seres espirituais como Sai Baba, Premananda e outros, não a recomendam? (3) Porque mesmo Maitreya, nas Mensagens dadas através de você, não fala sobre ela?*

(1) A Meditação de Transmissão é um esforço Hierárquico, apresentada para discípulos e aspirantes como um potente campo de serviço pelo meu Mestre, através de mim. Sua apresentação é, portanto, parte da minha própria atividade de serviço. (2) Que ela não seja de forma expressa recomendada por Sai Baba ou Swami Premananda está além do ponto – Eles não recomendam as pessoas a lerem Krishnamurti, praticar Kriya Yoga, ou ler Alice Bailey. Esta não é a tarefa Deles. Tocando na questão, a Meditação de Transmissão é a única meditação (além de Sua própria) permitida por Sai Baba a ser praticada em Seu ashram. (3) Em lugar algum, nas 140 Mensagens dadas publicamente através de mim, Maitreya menciona algum tipo de meditação. Esta não é a Sua principal preocupação.

*A Meditação de Transmissão deve ser ensinada em escolas? Se sim, em que idade?*

Não, a Meditação de Transmissão, para mim, não pode ser vista como um assunto geral de escola. Ela é uma forma de serviço que, pela sua própria natureza, atrai apenas discípulos desejando servir. Nenhuma criança abaixo da idade de 12, em qualquer caso, deve fazer a Meditação de Transmissão.

# CAPÍTULO 7

## PSIQUÍSMO SUPERIOR E INFERIOR

*Como a energia dos Mestres difere da energia psíquica?*
Depende do que você quer dizer por "energia psíquica". O psiquismo utiliza energia de muitos níveis diferentes; há psiquismo inferior e psiquismo superior. Psiquismo superior usa energia espiritual, enquanto que o psiquismo inferior usa energia astral. Os próprios Mestres usam apenas o psiquismo superior – telepatia superior, clarividência superior, clariaudiência superior, usando os centros na alma através do cérebro físico. Psiquismo inferior funciona através do centro do plexo solar, e só possui relação com o plano astral, no qual os Mestres não tem nenhum interesse. Eles transmitem Suas energias através dos centros superiores: o coração, a garganta e o centro da cabeça. A longo prazo, isto irá estimular a atividade do psiquismo superior, mas não a atividade psíquica inferior da natureza astral.

*Um espírito guia é a mesma coisa que um Mestre?*
Não. Eu usei o termo "guia" para um Mestre; os Mestres são os guias, os guardiões, os protetores, os inspiradores de nossa raça, nossa cultura, nossa civilização. Mas existem muitos grupos espiritualistas unidos ao redor de um médium, que tem um ou mais espíritos guia. Estes guias não são Mestres. Os Mestres nunca usaram esta forma de psiquismo inferior. Os Mestres podem apenas ser contatados nos planos mentais superiores. Eles não usam os planos astrais, que a vasta maioria dos médiuns do mundo contatam durante suas sessões. Esses "guias" são discípulos, se eles são de alguma forma evoluídos, mas muito freqüentemente não são mais evoluídos do que as pessoas com as quais eles estão falando. Eles podem ser

entidades enganadoras ou beneficentes no plano astral, ou, se o médium é evoluído o suficiente, certos seres desencarnados que fazem do seu trabalho ajudar e dar orientação de aspiração dos níveis astrais mais elevados. Depende da evolução do médium, da qualidade do grupo ao redor dele, e da habilidade do médium em contatar um nível alto o suficiente do plano astral ou dos planos mentais inferiores.

*Nós podemos ver Maitreya ou os Mestres através do terceiro olho durante a Meditação de Transmissão?*
Não.

*Como nós podemos distinguir um nível maior de orientação?*
Você saberá pela qualidade da informação dada – se ela é realmente impessoal ou muito pessoal. Se ela é pessoal, ela certamente não é de um nível alto. Se ela é impessoal, ela pode ser. Quanto mais alta é a orientação, mais impessoal ela é. As pessoas de todos os lugares do mundo apresentam à mim "orientação" de seus guias, seus "Mestres", algumas vezes "Maitreya". Sem exceção, todas essas mensagens são de algum nível do plano astral. Em sua maior parte, elas são totalmente triviais e não tem nenhum valor. Existem, é lógico, livros de guias, discípulos altamente evoluídos nos planos astrais mais altos, que dão, através de médiuns, de fato ensinamentos bem elevados.

Um caso bem claro é o *Um Curso em Milagres*, inspirado pelo Mestre Jesus. É o Seu conceito, Sua idéia; ele encarna Seu ensinamento, mas foi dado por um de Seus discípulos em um plano astral mais elevado, através de um médium. O Próprio Mestre Jesus não usaria um médium desta forma. Um dos seus discípulos nos planos internos o passou através do médium, que era altamente evoluído, e então o *Um Curso em Milagres* faz o seu trabalho e tem por trás dele as idéias e conceitos do Mestre Jesus. Isto é algo muito distante da informação usual que vem através de médiuns. O Mestre Jesus é um Mestre bem elevado, um Iniciado de sexto grau, e um colaborador próximo de Maitreya, o Cristo. Ele está envolvido com todos aqueles que rezam para Ele, que o chamam através do coração ao invés do plexo solar. O coração é o elo com a Hierarquia, e você pode confiar no coração e no que trabalha através do coração, mas você não pode confiar no que vem do plexo solar.

*Como nós sabemos, em nossa própria experiência, a diferença entre psiquismo superior e psiquismo inferior?*
É uma questão de experiência e discriminação, e um conhecimento da sua própria composição etérica. Você tem, dentro de si mesmo, um corpo de contraparte em relação ao denso físico, o corpo físico etérico, composto de matéria física de um tipo mais sutil. Você pode se tornar consciente de forma sensível quanto ao seu próprio revestimento etérico e centros, assim como de onde a energia de qualquer experiência em particular está vindo e através de qual chakra está fluindo.

Todos os tipos de atividade psíquicas inferiores são ativadas dentro dos níveis astrais. Existem sete planos astrais. Estes planos são simplesmente estados de consciência, e cada um tem um fluxo de energia. Conforme você se torna consciente deste nível, você pode utilizar sua energia. Já que a humanidade tem consciência do plano físico, o plano físico é uma realidade para nós. A humanidade tem também consciência astral (emocional), de forma que o plano astral e suas energias, estão disponíveis para nós, fluindo através do plexo solar. Quando nós nos emocionamos, nós estamos lidando com energia fluindo do plano astral. Todo psiquismo inferior vem do plano astral, e flui através do plexo solar. Quando este centro é ativado, você sabe de que plano a energia está vindo.

Energia espiritual flui através dos centros do coração, da garganta e da cabeça, então tudo abaixo do coração, você sabe que é psiquismo inferior. Fazer essas distinções, no entanto, necessita de uma sensibilidade à energia e para seus próprios centros, assim como experiência, discernimento e desapego.

*As mensagens e ensinamentos dadas através de médiuns são válidas?*
Os médiuns do mundo, em geral, estão em comunicação com alguns níveis do plano astral. É o mundo do glamour e da ilusão, e ele é construído através das formas de pensamento da humanidade.

Existem, é lógico, muitas entidades fora de encarnação que vivem no plano astral em seus veículos astrais. Algumas delas se comunicam através de médiuns no mundo. Muitos espiritualistas acreditam que, através de seus médiuns, eles conseguem orientação de um tipo superior. Esta orientação, no entanto, pode ser tão espúria quanto qualquer outro tipo de comunicação. O fato de que ela vem de um nível não físico não é garantia de que ela é correta. Isto não quer dizer que nos mais elevados (sexto e sétimo) planos astrais, não existam guias que façam comunicações elevadoras e de valor de uma natureza generalizada. Mas nunca do plano astral você conseguirá a comunicação de fatos verdadeiros sobre o Plano da Hierarquia, porque os Mestres não trabalham neste nível. Os médiuns não sabem, e as entidades que falam através deles não sabem, a verdade ou não sobre o reaparecimento do Cristo. Os Mestres não colocam dentro deste reino os fatos sobre o Plano. Até onde eu saiba, não importa o quão bem dotado seja o médium, o quão experiente seja o transmissor, ou quão venerável ele reivindique ser seu guia, você não conseguirá este tipo de informação deste nível. Você consegue ensinamento de uma natureza ampla, edificadora e generalizada, mas não fatos.

*É provável que "entidades" estejam dando sugestões de Meditações de Transmissão diferentes do seu conselho?*
É possível. Existem muitas entidades enganadoras nos planos astrais que podem fazer isso através de um tipo mediúnico. Seja lá o que elas digam, deve ser ignorado. Não tem ligação com este trabalho, que sai da Hierarquia. Informação sobre a Meditação de Transmissão não está disponível nos planos astrais.

*É provável que estas entidades possam influenciar as energias?*
Não, de forma alguma. As energias estão sobre o completo controle do Cristo e Seu grupo de Mestres.

*Se pessoas de fato têm contato com "entidades" ou "inteligências", onde é provável que essas entidades trabalhem?*
Sem exceção, nos planos astrais, e nenhuma importância deve ser dada à tais contatos. As pessoas têm livre arbítrio, mas se um indivíduo insistir em manter tais contatos, deve-se pedir que ele continue seu trabalho sozinho, fora do grupo de Meditação de Transmissão.

*Como o funcionamento deste guia, o processo de mediunidade, difere da informação dada pelo Mestre DK através de Alice Bailey?*
Totalmente. O psiquismo inferior trabalha através do aparato da personalidade; o psiquismo superior trabalha através do aparato da alma. Alice Bailey era uma pessoa de fato muito evoluída. Ela era iniciada, e usava apenas o nível da alma de comunicação, a telepatia superior. DK comunicava diretamente, pela telepatia superior, tudo que Alice Bailey escrevia, com

exceção de seus próprios livros (ela mesma escreveu cinco livros). Todo o resto foi ditado por ela precisamente pelo Mestre DK, e ela não alterou uma palavra. Se ela tinha dúvidas quanto a uma palavra em particular, Ele normalmente dizia: "Use seu julgamento nisso, seu Inglês é melhor que o meu", mas algumas vezes ele dizia: "Não, isso é precisamente o que eu quero que você diga, use esta palavra." É assim tão exato e preciso; isso não é descolorido por qualquer qualidade da mente inferior, ou do corpo astral de Alice Bailey. A Hierarquia dos Mestres, quando Eles desejam informar este tipo de ensinamento, usam apenas aqueles que podem funcionar do nível da alma, que são suficientemente ligados de momento a momento com a alma para permitir que a telepatia superior aconteça. Isso é uma coisa diferente do trabalho de médiuns. Alice Bailey era uma mediadora, não uma médium. Você sabe pela qualidade do ensinamento, a vibração que vem dele – e isso é uma questão de discriminação.

*Qual, se há alguma, é a diferença entre telepatia comum (como Percepção Extra Sensorial e sensibilidade psíquica) e a telepatia mental entre você e seu Mestre, ou entre Alice Bailey e o Mestre DK?*
Telepatia é uma habilidade humana natural, mas está ainda em sua maior parte, não desenvolvida. A maioria dos contatos telepáticos ocorrem instintivamente, aleatoriamente, como um resultado de uma ação e sensibilidade astrais, enquanto que verdadeira telepatia é um processo mental – de mente para mente – e necessita da polarização mental para funcionar de uma forma controlada e com propósito.

Há esta principal diferença entre verdadeira telepatia mental (espiritual ou da alma) e a mais comum sensibilidade psíquica: a última recebe sua informação (sua canalização) de algum nível dos planos astrais. A informação ou ensinamento recebido é, portanto, sujeito à natureza ilusória destes planos (os planos da ilusão) e é sempre, mas ou menos, uma distorção da realidade. A verdadeira telepatia mental, por outro lado, é a comunicação direta entre duas mentes totalmente conscientes e focadas, usando o plano da "mente" como o meio através do qual se faz o contato. Ela é realmente a demonstração de uma faculdade da alma. Ela é deliberada, instantânea e infalível.

Os Mestres trabalham apenas do nível da alma, e usam esta forma de contato entre Eles Mesmos e aqueles discípulos cuja polarização mental é suficientemente desenvolvida para permitir isso. Existem vários graus de contato e tipos de relação entre Mestres e discípulos; isso pode ir desde uma infreqüente (e, da parte do discípulo, inconsciente) impressão, até um ofuscamento espiritual de momento a momento, que para antes de se tornar uma obsessão. Desta forma, o livre arbítrio do discípulo não é infringido. Obsessão é o método usado pelos Senhores da Materialidade (como no caso de Hitler, por exemplo). O discípulo Jesus foi profundamente ofuscado – mas não obsediado – por Maitreya, o Cristo.

*Você poderia diferenciar a visão do ofuscamento com a visão Bíblica da possessão demoníaca?*
Eles são lados opostos da moeda. Existem Mestres da Loja Negra e Mestres da Luz. Os Mestres dos Quais eu estou falando, como o Mestre Jesus e o Mestre Morya, por exemplo – Mestres da Hierarquia – são os trabalhadores na Luz. Eles trabalham nos níveis de consciência da alma, e com Seus discípulos através de vários processos relacionados com a ciência da impressão, a impressão de idéias e energia. Isto vai desde o tipo mais sutil de impressão mental ou astral, até o ofuscamento. Ofuscamento pode ser parcial e temporário, ou mais ou menos total e de longo prazo. Ele pode ir desde o ofuscamento do corpo mental ou

astral através da alma, até a completa tomada do corpo físico. Ele é um processo pelo qual um ser mais avançado pode manifestar parte (ou toda) de sua consciência através de um ser de um grau menor.

Um claro exemplo é o ofuscamento do discípulo Jesus pelo Cristo. O Cristo permaneceu no Himalaia enquanto Sua consciência tomou e trabalhou através do corpo de Jesus. Este é o método clássico para a manifestação de Avatares ou Instrutores. De forma alguma isso foi uma possessão demoníaca. Quando o Cristo tomou o corpo de Jesus no Batismo, Ele o fez com o total conhecimento, cooperação e consentimento do próprio Mestre Jesus (que era naquela época o discípulo Jesus). Quando o Buda tomou o corpo do Príncipe Gautama, Ele o fez, semelhantemente, com o total consentimento, aprovação e cooperação do Príncipe. O livre arbítrio deles nunca foi infringido.

Com a Loja Negra, por outro lado, este não é o caso, e o método de total obsessão é freqüentemente usado. Nos planos astrais mais baixos deste planeta, existem entidades que de fato tomam o corpo daqueles que se deixam abertos e que têm uma similaridade de vibração. Isto que é a possessão demoníaca. Ela é totalmente inconsciente; não há um plano consciente do ponto de vista daquele que é possuído, e é, é lógico, um total infringimento do livre arbítrio do indivíduo. Ela é altamente perigosa; para evitá-la, mantenha sua taxa vibracional em um nível acima do qual a possessão possa ocorrer.

O ofuscamento espiritual ocorre ou no nível Monádico ou da alma. Maitreya, o Cristo, é ofuscado no nível Monádico por um Avatar Cósmico chamado o Espírito da Paz ou Equilíbrio (de uma forma muito semelhante na qual Ele ofuscou Jesus). O ofuscamento espiritual, que é uma extensão do princípio da telepatia, é bem diferente do usual ofuscamento espiritual de um médium por alguma entidade desencarnada nos planos astrais.

*As tão chamadas "forças das trevas" se personificam ou se disfarçam como as forças do bem, de forma a enganarem os bem intencionados, para subverter suas intenções? Se sim, como nós podemos evitar sermos enganados?*
Sim, este é um truque comum das forças da materialidade. Elas freqüentemente usam os métodos utilizados pela Hierarquia da Luz, afim de criarem uma cilada nos desatentos. A melhor defesa contra o engano é a de examinar cautelosamente seus motivos, afim de mantê-los puros e altruístas. As forças da escuridão não podem trabalhar ou influenciar onde a luz e amor da alma dominam as ações. Objetividade e altruísmo são as notas chaves de ações e idéias inspiradas pela alma. Quando este é o caso, você está automaticamente protegido.

*O meu próprio medo é um resultado da atividade das "forças das trevas"?*
Não, é um medo comum. A melhor coisa, na minha opinião, é esquecer inteiramente as "forças das trevas" – continuar como se elas não existissem – e assim não dar energia à elas.

*Uma amiga recentemente se tornou vitima de um ataque psíquico que veio depois de um longo período de procura introspectiva. O que aconteceu aqui e como tais perigos podem ser evitados? Existem algumas pessoas para as quais a meditação profunda pode ser perigosa?*
Sem conhecer as circunstâncias específicas, não é possível dar nada a não ser uma resposta geral à essa pergunta. Em primeiro lugar, eu duvidaria muito que sua amiga "depois de intensa procura interna" do tipo correto, se tornaria vítima de um "ataque" psíquico. Ao

invés, eu sugeriria que ela perturbou seu próprio equilíbrio emocional através de uma abordagem inexperiente para com a meditação. Não é possível invocar as energias da alma através da meditação e esperar permanecer o mesmo. Sempre haverá alguma reação para estas energias superiores.

Esta reação normalmente tomará um ou outro dos seguintes caminhos: se a meditação é abordada de uma científica e sensível, haverá a galvanização do desejo da pessoa por servir e criar. Isto pode, ou não, seguir-se de um período temporário de tumulto emocional conforme as energias da alma afetam o corpo astral. Se a meditação escolhida não é adequada ou é incorretamente praticada – isso quer dizer, sem o devido cuidado e um senso de proporção – o resultado pode ser muito infeliz, principalmente se a pessoa é emocionalmente instável. Eu sugeriria que este é o problema com sua amiga. Ataques "psíquicos" de fato ocorrem, mas dificilmente com pessoas engajadas seriamente em meditação. Eles geralmente ocorrem com pessoas mediúnicas em natureza, que se deixam abertas, através da similaridade de vibração, à interferência dos planos astrais inferiores. A maneira de se evitar tais perigos é a de se manter a aspiração e taxa vibracional mais altas possíveis através da meditação e do serviço.

*Eu acho que eu estou atraindo vibrações ruins de pessoas ao redor de mim através de suas aversões, inveja, etc, e isso está me deixando doente. É provável que isso aconteça?*
Noventa e nove de cem vezes, este não é o caso. As várias doenças das quais as pessoas sofrem são quase sempre o resultado de seus próprios desequilíbrios emocionais, mal uso de energia da alma, dos planos mental ou astral – isso quer dizer, são reações kármicas. É lógico, existem alguns poucos casos nos quais há uma

causa exterior, mas estes são tão poucos, que podem ser ignorados em sua maioria. É mais sábio e mais correto, normalmente, não culpar os outros pelos seus problemas físicos. O que se deve fazer é almejar o controle mental do corpo emocional, e o desapego de suas próprias emoções, e assim fortalecer sua própria aura.

*Durante a Meditação de Transmissão, nós precisamos de uma proteção especial, ou os Mestres estão nos protegendo de influências exteriores ou ruins?*
Durante a Meditação de Transmissão, os Mestres estão em total controle deste processo energético, e todos participando estão totalmente protegidos de qualquer fonte exterior. Eles não, no entanto, protegem ninguém de suas próprias imaginações astrais.

*Eu estou em um grupo de Transmissão e, durante o meu trabalho (com maquinário industrial), eu estou sujeito diariamente à alto barulho e níveis de vibração. Isto pode afetar de forma negativa o corpo etérico e a qualidade de sua Meditação de Transmissão? Se sim, há alguma forma pela qual eu possa me proteger? (Eu tenho tentado manter minha atenção no centro ajna enquanto estou trabalhado)*
Níveis altos e constantes de barulho podem certamente afetar o corpo etérico, mas não, eu acho, a qualidade de sua Meditação de Transmissão. Eu não sei de outra forma pela qual você possa se proteger além de aprender a "não ligar" para o barulho ao invés de resistir à ele.

*Qual é a diferença entre imaginação e verdadeiro conhecimento interior?*
Conhecimento interior é intuição. O que nós chamamos de intuição realmente vem não do nível intuicional, mas do nível Manásico. A alma é a recebedora de três níveis

espirituais saindo da Mônada ou Espírito, da qual a alma é o reflexo. Nós somos realmente triplos. Esta realidade nunca deve ser esquecida. Nós precisamos nos acostumar a nos vermos como a alma. A diferença entre conhecimento interno e imaginação é uma questão de foco de consciência. A maioria das pessoas estão focadas no plano astral. Elas estão funcionando através do plexo solar, e o conhecimento delas é emocional e astral. Isso é imaginação. Na terminologia esotérica, há um estado chamado de "glamour". Nós temos uma idéia vaga disso quando nós falamos "o glamour de Hollywood". O glamour de Hollywood sugere que tudo é maravilhoso, mas, ela também é chamada de a Cidade do Falso Esplendor. Nós sabemos que é irreal, embora seja interessante ou tenha um apelo emocional. Aquilo que sai dos planos astrais é irreal. Nossa reações emocionais são o resultado da energia do plano astral fluindo através do plexo solar. Glamour é a ilusão do plano astral.

    O objetivo evolucionário é o de funcionar no plano mental. Você precisa se tornar mentalmente focado para controlar o plano astral. O plano astral é destinado a ser um espelho, um calmo lago, no qual o conhecimento interno, a intuição espiritual do nível búdico pode se refletir. Quando o corpo astral está calmo e purificado, ele não precisa mais reagir ao movimento da energia astral através dele. Enquanto o corpo astral permanecer não purificado, ele causa caos: nós somos jogados em uma tempestade de energia astral, e isso faz com que nos comportemos de forma totalmente irrelevante, irresponsável e irreal, porque o plano astral é, literalmente, irreal. Para os Mestres, ele não existe. Ele é uma ilusão, enquanto que budi, a intuição espiritual, é o conhecimento interno. Quando pessoas verdadeiramente criativas em qualquer campo dizem "pelo uso da imaginação", elas realmente querem dizer pelo uso da intuição. Isso é algo muito diferente do que nós chamamos imaginação, que sai do astral e não é realmente imaginação, mas fantasia.

Intuição é conhecimento direto: conhecer porque você conhece. Ela vem do nível búdico, e está sempre certa. Ela nunca pode estar errada, porque ela vem através da alma – acima do nível da alma – mas através da alma. Ela se torna disponível para a humanidade quando o corpo emocional está purificado e controlado. Assim que isso acontece, a energia que iria de outra forma passar através do corpo emocional, é transmutada, elevada para o coração. É lógico, este é um processo longo e gradual. Reação do coração é sempre correta. Você pode sempre confiar na reação do coração sobre qualquer circunstância.

O problema é que a maioria das reações das pessoas, mesmo que apenas em parte, vêm também do plexo solar. Isso traz o glamour. Então embora elas possam ter a intenção de fazer o melhor, a atividade do plexo solar faz com que com elas tenham, até alguma extensão, glamour. As pessoas vivem em glamour. Eu conheço muitas pessoas que acreditam que elas são o Cristo. Elas escrevem para mim a todo momento. Elas me telefonam. Elas até vêm em minha casa. Elas experienciam o sentimento de que elas são as Escolhidas. Isto é glamour. Intuição é absolutamente direta. Você sabe instantaneamente, e ela nunca falha. Ela funciona através do coração, sem qualquer mistura com a energia emocional. A diferença entre pena e compaixão, é a diferença entre glamour e um coração verdadeiramente intuitivo, uma reação búdica. Você pode senti-la em seus centros, se você é consciente dos centros. Se a atividade do plexo solar estiver dando informação à você sobre sua experiência, isto é glamour. Se vem puramente e simplesmente do centro do coração, então você pode confiar.

# CAPÍTULO 8

## ALMA, MEDITAÇÃO E SERVIÇO

*Você disse que nós precisamos fazer uso das energias que vem para nós na meditação. O que você quer dizer? Qual é o verdadeiro propósito da meditação?*

Meditação é um método, mais ou menos científico (dependendo da meditação), para levar o homem ou mulher em encarnação ao contato e eventual união com o Ser Superior ou alma.

O tempo passou para se meditar sozinho, prosseguindo com sua própria salvação espiritual individual, sem ao mesmo tempo aceitar a necessidade, o dever, do serviço. A natureza da alma é servir. A alma conhece apenas serviço altruísta, e vem em encarnação para servir. Então, qual é o sentido, como uma pessoa que medita, de gastar todo este tempo e esforço para se entrar em contato com a alma e não levar adiante seu propósito? A alma está levando adiante o Plano do Logos. É um grande sacrifício para a alma fazê-lo, porque ela é muito limitada neste nível físico. Ela ganha experiência neste nível, mas a verdadeira razão por trás do processo de encarnação é o de levar adiante a Vontade do Logos através da decisão de sacrifício da própria alma.

Quando a alma derrama sua energia nos veículos – físico, emocional/astral e mental – estes veículos são estimulados; a alma procura controlar a personalidade e transformá-la em um reflexo de si mesma. A personalidade sente isso e resiste. Então, seguem várias vidas de uma longa, exaustiva batalha entre a personalidade, com sua poderosa natureza de desejo, e a alma. A alma inevitavelmente vence, porque ela é uma agente mais elevada; sua energia é mais forte, e a Lei de evolução está trabalhando por trás dela.

Eventualmente, ela irá transformar a personalidade em um reflexo de si mesma. Mas ela pode apenas fazê-lo quando a personalidade desiste e começa a refletir a qualidade da alma. Então, a Vontade Espiritual, o Amor Espiritual, e a natureza mental superior podem se refletir através da personalidade, e o homem ou mulher se torna uma alma vivente.

Todos aqueles que se engajam na meditação, estarão engajados, sabendo eles ou não, em alinhar o cérebro físico com a alma, o veículo da personalidade com o Ser Superior. É para isso que a meditação serve.

Quando nós meditamos e não usamos a energia da alma em serviço com propósito, o resultado é sempre alguma perturbação do equilíbrio das energias no corpo etérico. Os centros ficam bloqueados; o resultado é inevitavelmente neurose, ou uma doença no plano físico de algum tipo. É por isso que você encontra tantas pessoas mais avançadas neuróticas. Elas barram a energia vindo do nível da alma. Elas fazem isso ao não usarem a energia em serviço. Elas a usam de forma egoísta – em outras palavras, a desperdiçam. Este é um estágio pelo qual todos nós passamos e não há condenação envolvida. A maneira de se evitar a neurose é da de se usar a energia da alma corretamente. É a forma mais efetiva de se evitar neuroses e outras doenças, com exceção daquelas, é lógico, que são kármicas, saindo de nosso passado.

*A Meditação de Transmissão nos leva para a Hierarquia? Ela nos ajudará a acelerar o processo de polarização mental?*

O trabalho de Transmissão é uma porta que leva para um caminho, que o leva diretamente para a Hierarquia. É parte de um processo planejado pela Hierarquia, pelo qual os aspirantes e discípulos do mundo, trabalharão de uma forma cooperativa com cada um.

A maioria das pessoas querem se aproximar da Hierarquia, estejam elas prontas para isso ou não – elas gostariam de se encontrar e trabalharem com um Mestre. A Meditação de Transmissão não é uma forma de se encontrar com os Mestres, mas é certamente a forma mais simples de se trabalhar com os Mestres. O que nós realmente estamos fazendo na Meditação de Transmissão (além de ajudar o mundo), é praticarmos Kriya Yoga, que na verdade está sendo feita para você pelos Mestres. Gradualmente, a mudança do ponto de polarização do astral para o mental está ocorrendo, sem você estar consciente disso. Quanto ao que você de fato se torna consciente, é a mudança em você mesmo, em sua visão de mundo. Muitas pessoas me disseram: "Eu me sinto uma pessoa melhor; eu posso fazer meu trabalho melhor; eu estou mais focado mentalmente, mais articulado; eu posso trabalhar com muitas idéias," e por aí vai. Tudo isso é o resultado do constante trabalho de Transmissão. Isso acontece apenas fazendo-se a Meditação de Transmissão, porque ela está sendo feita para você pelos Mestres. É uma meditação profundamente ocultista, e os Mestres manipulam a energia para você. O que você pode alcançar em 20 anos de prática de Kriya Yoga, você provavelmente irá alcançar em um ano de constante trabalho de Transmissão.

  Polarização mental é o resultado da mudança na consciência do plano astral/emocional, para o plano mental. Ela cobre o período entre a primeira e segunda iniciações (uma média de seis a sete vidas), e começa em um ponto na metade do caminho entre estes dois eventos (iniciações planetárias). Ser mentalmente polarizado, permite que a alma funcione através do plano mental e destrua o glamour da atividade do plano astral. Quando as névoas do glamour são dispersadas pela luz do plano mental, uma mudança gradual em polarização acontece.

Muitas pessoas confundem os processos emocional e mental. Elas imaginam que elas estão "pensando", quando na verdade, elas estão revestindo suas reações emocionais em formas de pensamento astrais, que elas confundem com "pensamentos". Qualquer coisa, portanto, que foque a mente, que traga-a em ação em cada situação e reação, acelera o processo de polarização. Meditação de qualquer tipo (com exceção do estado de devaneio que é tão erroneamente visto como meditação), é um motor primordial nesta direção; uma diligente determinação em se olhar, da forma mais impessoal e honesta possível, para todas as suas reações, em cada situação, principalmente as mais perturbadoras; uma compreensão de sua própria estrutura de raios – e portanto de seus glamoures; uma dedicação de sua própria vida ao serviço à humanidade, levando à uma maior descentralização; todos estes ajudam a fazer a mudança de consciência para os planos superiores, assim trazendo a luz da alma para cada situação da vida.

*É correto que a Meditação de Transmissão sozinha é suficiente para os humanos se elevarem, ou também é necessário se trabalhar suas próprias emoções através da análise?*
Feita com consistência e aplicação, a Meditação de Transmissão irá gradualmente levar à polarização mental que sozinha leva ao controle emocional. É lógico, serviço de todos os tipos, que tendem a descentralização do eu, ajudam nisso. Eu não pensaria que a análise, a não ser para alguma condição neurótica dolorosa, seria necessária. A análise freqüentemente foca a atenção muito firmemente no eu.

*A Meditação de Transmissão é suficiente no campo de serviço, ou outras formas de serviço devem ser feitas?*

A Meditação de Transmissão será suficiente para toda a sua vida de serviço, se você se aplicar suficientemente à ela. Mas há um mundo lá fora para se salvar, e milhares de formas diferentes de se servir. Ela não precisa ser a totalidade do serviço. Você descobrirá que, seja lá que outra coisa você fizer, – qualquer outra forma de meditação, de serviço, ou atividade – será potencializada ao se fazer a Meditação de Transmissão.

*A presente tensão mundial está me deixando tenso e nervoso, mas eu não quero me deixar ser influenciado e sugado pelo medo extremo. (1) O que eu poderia fazer de forma mais útil, afim de me manter positivo? (2) O mundo parece bem maluco no momento; você acha que isso durará muito tempo? (3) O atual clima mundial atrasará a emergência de Maitreya?*
(1) Pratique meditação e desapego e trabalhe por uma causa. (2) Não. (3) Não.

*Que aspecto da meditação eventualmente faz com que você lide com toda a dor experienciada no mundo, sem ser totalmente super sensível à todo o sofrimento do mundo?*
É verdade que não apenas a Meditação de Transmissão, mas todas as meditações, irão sensibilizar o instrumento – o homem ou mulher em encarnação – porque ela imbui a personalidade com algumas das qualidades da alma, como sua sensibilidade espiritual e natureza amorosa. Conforme este processo ocorre, o que também deve ocorrer, é um crescente sentimento de desapego espiritual – não indiferença, ou mesmo impessoalidade, que não são qualidades espirituais de forma alguma, mas são simplesmente a experiência separatista da personalidade. O que é necessário é a máxima resposta sensível e imediata para a dor, o sofrimento, e às necessidades do mundo, e ao mesmo tempo, um desapego espiritual quanto a reação

emocional para com a dor e o sofrimento, afim de permitir que ação seja tomada em nome da humanidade. Se a identificação com a dor e o sofrimento é tal que torna a ação impossível, isso é simplesmente uma auto-indulgência emocional. A alma vê toda a dor e o sofrimento; o Cristo, Que é a encarnação da alma da humanidade, vê a dor e o sofrimento, mas tem tal desapego espiritual, tem tão pouca reação emocional, que Ele pode trabalhar da forma mais potente.

Você precisa diferenciar entre resposta do coração/amorosa para a dor e o sofrimento, com um desapego espiritual que permita a você agir em seu benefício, e uma reação emocional que o aprisiona na dor e no sofrimento. Amor é ativo. Uma reação emocional é apenas sentimentalismo. É identificação, ver o seu próprio sofrimento. É pelo fato de você ver o sofrimento em si mesmo, que você se identifica com aquele dos outros. A resposta amorosa não tem noção de seu próprio sofrimento, então ela pode se identificar sem reagir emocionalmente. É uma questão de se identificar com as necessidades do mundo, sem passar por reações emocionais.

*Qual é a importância do trabalho grupal, e de que forma a Meditação de Transmissão ajuda nas atividades grupais?*
A Nova Era é a era da consciência grupal, não simplesmente trabalhar junto como um grupo, mas pensar, sentir e experienciar uma consciência grupal, uma total unicidade. Isto ainda é desconhecido para a humanidade. Os Mestres da Sabedoria, por outro lado, possuem apenas consciência grupal. O eu separado não existe em Suas consciências. Trabalhar junto em grupos, dá à humanidade experiência em desenvolver esta consciência grupal.

A própria humanidade, é lógico, é o principal "grupo". Nós todos somos partes deste grupo. No momento, nós vivemos vidas separadas e divididas, mas nesta era vindoura, nós iremos trabalhar como um grupo. Na verdade, se nós não o fizermos, se nós não conseguirmos perceber e expressar, através de nossas estruturas e instituições, a unidade internar ou realidade grupal da humanidade, nós iremos nos destruir.

Nós estamos começando a entender que o funcionamento de qualquer atividade prossegue melhor em grupos. A primeira coisa que me foi pedido fazer, quando eu comecei meu trabalho público, foi a de formar um grupo de Meditação de Transmissão. Há uma boa razão para isso. Na base de cada grupo realmente ativo neste trabalho, há um grupo de Transmissão; esta é a fonte da energia. A nutrição espiritual vem para os grupos através dos Mestres – você tem uma estação de energia lá, uma fonte da qual você pode beber a todo momento.

Nem todo grupo tem isso. Muitos estão respondendo de uma forma mais vaga às energias que estão sendo enviadas, mas eles podem não ter um processo poderosamente dinâmico que os mantém continuamente carregados espiritualmente, afim de permiti-los fazer seus trabalhos com o máximo de intensidade. Então, muitos tendem a ser grupos de "conversa", que freqüentemente se desmancham rapidamente, ou modificam e mudam suas atividades, parcialmente devido a um processo natural de crescimento, mas também parcialmente por causa da demanda por mudança para o seu próprio bem. Mas quando você tem um grupo de Meditação de Transmissão na base de todas as atividades, você tem um fluxo de energia que é constante. É como estar ligado na eletricidade a todo momento, de forma que você sempre tem o fogo ligado se você precisa dele. Esta é uma das coisas importantes em grupos fazendo o trabalho de Transmissão.

*Como você estabelece suas prioridades ao se envolver com o trabalho grupal? Eu tenho problemas em manter um equilíbrio.*
É importante se alcançar um equilíbrio entre o interno e o externo. A Meditação de Transmissão não está simplesmente relacionada com a vida interna. Ela é um ato de serviço no plano físico. Ela é parte da atividade de serviço externa, assim como uma experiência interna.

Cada indivíduo tem necessidades diferentes, diferentes quantidades de energia, diferentes aspirações, diferentes demandas quanto ao seu tempo, dependendo de seu trabalho e tempo de lazer. Você precisa fazer certas decisões e, portanto, certos compromissos na sua vida. As escolhas para o discípulo, são as escolhas entre prioridades. Todas elas são prioridades, mas você precisa fazer escolhas entre prioridades.

A maioria das pessoas precisam trabalhar para viver. Esta é a prioridade número um, o que significa que elas terão, em certo grau, um tempo limitado para o serviço. A prioridade para o discípulo, portanto, será como maximizar o valor deste tempo. Dependerá em alguma extensão de seus raios, suas aptidões, seu envolvimento com a Meditação de Transmissão e/ou as atividades de divulgação e para qual destas atividades você dá a maior proporção de seu tempo e energia. As possibilidades de cada indivíduo são diferentes, então cada indivíduo precisa fazer esta decisão, este alinhamento de prioridades para ele. Eu não posso dizer que você deve dar 70 por cento do seu tempo para a Meditação de Transmissão e 30 por cento para o trabalho externo, ou vice versa. Isso depende do indivíduo, da natureza do seu trabalho e importância do trabalho. Tudo é importante. Eu aconselharia para discípulos sérios, membros do grupo, três hora de

Meditação de Transmissão, três vezes por semana, nove horas por semana. Isso significa que, se você tem um trabalho, você tem quatro outro dias na semana nos quais você pode levar adiante outros aspectos de sua atividade de serviço, seja isso produzir a *Share International*, divulgação para o público, ou organizar palestras e feiras. Se você estiver preparado para não ter vida social, nenhuma vida familiar, nenhuma vida exterior a não ser serviço, este é o ideal, mas depende de você. Os Mestres não são tiranos, mas já que Eles trabalham cada segundo, 24 horas por dia sem dormir ou comer, sem descanso, isso quer dizer que Eles tem um padrão bem alto de serviço pelo qual julgarem.

*Qual é a melhor forma de meditação para a nova era?*
Não há resposta simples para esta pergunta. Depende do ponto de evolução do indivíduo, estrutura de raios, tradição de plano de fundo, e por aí vai.

Meditações de todos os tipos são métodos, mais ou menos científicos, dependendo da meditação, de se alcançar contato com a alma e a eventual identificação com ela. Na Nova Era, a atividade grupal será o principal método de trabalho e serviço. Meditação grupal irá, portanto, se tornar crescentemente a norma. Para aqueles com forte desejo de servir, a Meditação de Transmissão oferece o mais potente e científico veículo para serviço com, ao mesmo tempo, o mais poderoso estímulo para o crescimento espiritual.

*Existirão novas técnicas de meditação dadas por Maitreya? Elas serão diferentes daquelas que existem agora?*
Não. Não será a função de Maitreya dar novas técnicas de meditação. Isso é como se esperar que o diretor de uma grande companhia internacional treine os office boys na rotina de escritório. Técnicas de meditação são, e continuarão a ser, ensinadas por discípulos dos

Mestres. Conforme o tempo passar e discípulos se tornarem prontos, formas de meditação serão dadas pelos Próprios Mestres, trabalhando exotericamente.

*O processo de cura conhecido como "imposição da mãos" está relacionado com o alinhamento dos chakras?*
Sim. Toda energia entrando no corpo, entra no veículo etérico através dos chakras. Na imposição das mãos, a energia se movimenta através dos chakras nas palmas do curador para o paciente. A fonte da energia depende da evolução do curador. De forma mais comum, ela vem do centro do plexo solar do curador, de sua própria força de vida. Freqüentemente, ela envolve energia que o curador invocou de sua própria alma, e algumas vezes da alma do paciente, que irá aumentar a energia do corpo físico. Existem também muitos curadores que trabalham sobre orientação, consciente ou inconsciente, de alguma fonte superior. Alguns discípulos nos planos internos, e mesmos Mestres, trabalham através de certos indivíduos, sem que o indivíduo esteja necessariamente consciente disso. O objetivo é sempre a remoção da estase e o correto equilíbrio dos chakras.

*Como se obtém poderes curadores?*
Eu acredito que pelo menos 70 por cento das pessoas têm o potencial para transmitirem energias de cura de alguma fonte ou outra, normalmente de suas próprias almas. Meditação, serviço e prática são os métodos chave para se fortalecer e se cumprir este potencial.

*Como eu posso me livrar das negatividades em minha vida de forma que mais luz possa entrar?*
Não há uma maneira melhor de se livrar da negatividade a não ser servir, usar a luz entrando em você. Conforme você serve, você começa a se identificar com aquilo para o qual você serve, e então, você começa um processo de descentralização. Conforme você se

torna mais descentralizado, menos egoísta, menos o ponto central em sua vida, você se torna mais objetivo, com maior amplitude de visão, crescentemente identificado com tudo que é. Você se identifica primeiro com você, isso é fácil. Então você se identifica com a sua família e com seus amigos, e então de uma forma patriótica, com o seu país, e então de forma mais objetiva, com o planeta como um todo, e finalmente com todo o cosmos. Conforme você faz isso, você expande sua identidade – não apenas sua consciência intelectual, mas sua identidade de coração – até que não haja nenhum sentido de separação, até que você e o cosmos sejam um. Então você é perfeito, como os Mestres são perfeitos.

*Muitas pessoas, durante suas práticas de meditação, espontaneamente percebem que suas mãos e corpos estão assumindo posições que são chamadas de "mudras" na tradição Hindu. Swami Muktananda escreveu muito sobre suas próprias experiências quanto a isso. Freqüentemente, aquele que medita não tem idéia que antes dele, por milhares de anos, estas idênticas posições fizeram parte da tradição Hindu, Budista, e mesmo Cristã. Como isso ocorre? O que faz com que isso ocorra em alguns momentos e não outros?*

Este é um fenômeno interessante, que eu pessoalmente experienciei muitas vezes. Na meditação, uma pessoa é levada em contato, mais ou menos, dependendo da meditação e experiência daquele que medita, com a sua própria alma. Quando a posição de um mudra é assumida involuntariamente; uma entre três coisas aconteceram: ou a própria alma impressionou seu veículo com a intenção de fortalecer o valor da meditação, "bloqueando" ou distribuindo a energia da alma invocada, ou há uma repetição espontânea, de uma vida anterior, de um antigo padrão de prática de meditação. Em casos (que são, é lógico, muito mais raros) onde aquele que medita está em contato consciente com um Mestre ou alto iniciado, Eles podem impressionar o uso de mudras na mente do discípulo durante a meditação.

*Durante a Meditação de Transmissão, é de valor usar certos mudras (posições de mãos)?*
Não. Se fosse de valor, isto já teria sido sugerido. Mantenha a Meditação de Transmissão o mais simples possível – como ela é apresentada.

*Você poderia me dizer se ícones são bons para se focar durante a meditação, e algo sobre seus significados, por exemplo, as expressões faciais austeras dos sujeitos retratados? Também, os artistas foram inspirados de alguma forma afim de criá-los?*
Ícones saíram da tradição Bizantina, e tem de fato a função de manterem o foco na meditação, adoração ou oração. Eles foram usados desta forma por séculos. As expressões faciais austeras têm a função de simbolizar a santidade e imaterialidade das questões divinas. Ícones permaneceram inalterados em estilo por muitos séculos (como a arte Egípcia), e foram criados por artistas de todos os níveis e graus de inspiração, do grande ao medíocre. Eles apenas seriam úteis na meditação, se a pessoa "acreditasse" na divindade dos assuntos e que ela poderia ser contatada através do ícone.

*Como alguém pode remover o véu da ignorância de sua própria mente de forma que uma verdadeira comunhão possa ocorrer durante a meditação ou oração?*
O "véu da ignorância" é o resultado da identificação errada com a personalidade separada, ao invés da alma. O caminho para expressão (e verdadeira comunhão) da alma é, sempre, através da correta meditação e serviço.

*O que "shanti" significa?*

Paz.

*(1) A Lucis Trust Triangle Newsletter relata que, de acordo com a Academia de Pesquisa para Paz, em Massachsetts, há uma queda em 36 por cento da média da atividade solar por duas semanas depois de uma meditação global pela paz. (2) Eles citam uma pesquisa que declara que desde 1900, padrões de comportamento violentos e padrões de doença estiveram relacionados com o aumento da atividade das manchas solares. Isto é verdade ou uma ilusão?*
(1) Ilusão. Não há forma na qual uma meditação pela paz, global ou não, possa afetar a atividade das manchas solares, que é cíclica em natureza. (2) Verdade. O aumento de energia, resultante da atividade das manchas solares, de fato produz resultados de tensão (e, freqüentemente, portanto, de violência e doença) na humanidade.

*Como uma criança jovem de mais ou menos sete anos vivendo no campo, ao olhar o céu escuro à procura de estrelas, eu sentia uma sensação de doçura, amor e beleza vindo aparentemente da estrela para a qual eu estava olhando. Como adulto, eu descobri que isso não ocorre mais. Você sabe se as crianças estão abertas à alguma influência das estrelas, e se sim, qual é esta influência?*
Sejam como as criancinhas! Sim, de fato as estrelas irradiam energias bem benéficas de amor, síntese, beleza e muitas crianças (e, é lógico, alguns adultos) são sensíveis à esta "poeira estrelar".
  Vivendo em cidades iluminadas pela eletricidade, a maioria das pessoas nem mesmo vêem as estrelas. Aqueles sortudos o suficientes que vivem em áreas onde a energia das estrelas podem ser experienciadas, devem fazer bom uso desta alta radiação e acelerar seu progresso em direção às

próprias estrelas. Olhe para cima, e aceite a radiação da Abençoada Plêiades, como um presente dos Deuses.

# CAPÍTULO 9

## MANTENDO O ALINHAMENTO

*Este capítulo foca-se em como manter o alinhamento entre o cérebro físico e a alma, um pré-requisito para a adequada Transmissão de energias espirituais. Este assunto foi discutido em detalhe nas conferências de Meditação de Transmissão realizadas em 1990 em São Francisco, EUA, e Veldhoven, Holanda. As palestras de Benjamin Creme nessas conferências lidaram com o discipulado e a prática, o verdadeiro significado do discipulado, e a necessidade por um maior compromisso em se praticar o ensinamento dado. A palestra e discussões que se seguem foram publicadas em* **Maitreya's Mission**, *Vol. 2, Capítulo 15. Porções destas discussões que estão relacionadas com a Meditação de Transmissão estão impressas aqui.*

### DISCIPULADO E PRÁTICA

É UM TRUÍSMO no ocultismo que nenhum ensinamento novo pode ser dado até que aquilo que já foi dado tenha sido colocado em prática. Isso é uma lei. Você não pode receber nada mais elevado até que você tenha colocado em prática o que você já recebeu. Em sua maior parte, as pessoas abordam o esoterismo como se ele fosse um assunto acadêmico, no qual você passa por exames e recebe um diploma. Ele não é de forma alguma assim. Certamente existem graus – graus de iniciação – mas você pode se tornar um iniciado sem saber nada sobre a teoria ou prática esotérica, ao viver naturalmente, intuitivamente, a vida de um discípulo.

Você precisa fazê-lo de uma forma ou de outra. Você pode fazê-lo intuitivamente, ou através da obtenção de conhecimento e a aplicação das regras e preceitos em sua vida, de momento a momento. É um assunto de todos os dias. Em minha experiência, a maioria das pessoas definem o que é um discípulo de uma forma muito morna. Elas encaixam isso em suas vidas diárias quando há um momento para se gastar. O discípulo comum não percebe que o discípulo é uma pessoa diferente do resto da humanidade. As regras e leis que se aplicam, até mesmo as leis de causa e efeito e de renascimento, que afetam a humanidade, quer ela queira ou não, afetam o discípulo de forma diferente, de acordo com sua habilidade em trabalhar dentro delas e em manipulá-las de acordo com as necessidades da alma.

Um discípulo, ou qualquer um que aspire a se tornar um discípulo, deve reconhecer, antes de tudo, que ele é um ser humano comum, que fez uma promessa e tomou em mãos o desenvolvimento de sua própria evolução. Ele está aprendendo a trabalhar com a alma e em levar adiante seu propósito. Seja lá que outros propósitos a alma possa ter, sobre a Lei de Sacrifício, seu propósito é o de trabalhar pelo Plano de evolução até onde o discípulo possa intuí-lo, e colocá-lo em prática em sua vida. Apenas os rudimentos do plano podem se tornar reais em sua consciência, mas para que estes aspectos se tornem reais, convém a ele colocá-los em manifestação na vida. Realmente fazer isso é verdadeiramente muito raro.

Não são as forças do mal que preocupam o Cristo e os Mestres da Hierarquia. Eles podem lidar com as forças do mal muito bem. A maioria das pessoas pensam que os principais obstáculos para a exteriorização da Hierarquia e a espiritualização da vida da humanidade são os problemas envolvidos com as forças da materialidade. Existem tais problemas. Mas algumas das pessoas que respondem mais rápido à materialidade são os discípulos no mundo. É a arraigada materialidade, e, acima de tudo, a inércia dos discípulos, assim como de todas as outras pessoas que mantém a humanidade escrava das forças da materialidade, as forças do mal como nós as chamamos.

Discípulos são duplamente responsáveis. Eles têm a responsabilidade da humanidade comum, além de responsabilidade extra, porque eles conhecem alguns aspectos da verdade. Eles tomaram sobre si mesmos a responsabilidade de fazerem algo quanto a mudar a situação no mundo, e para mudarem suas próprias naturezas de tal forma a trabalharem inteligentemente com o Plano. Mesmo assim, as pessoas estão tão mergulhadas no materialismo – ele está tão arraigado no vasto corpo até mesmo dos discípulos do mundo – que pouca ou nenhuma ação é tomada por qualquer um de nós afim de se remediar a situação. Nós permanecemos tão absortos no materialismo como qualquer outra pessoa. Este é o problema para o Cristo e os Mestres: não as forças do mal, mas a inércia, a incapacitante inércia dos discípulos do mundo.

Eu soube recentemente pelo meu Mestre, que a média do número de minutos nos quais as pessoas nos grupos de Meditação de Transmissão ao redor do mundo estão realmente alinhadas, nos quais o cérebro físico e a alma estão alinhados – de forma que se está transmitindo através delas e estão fazendo o trabalho de Transmissão – é surpreendentemente pequena.

Por que isso? É necessário que se haja uma razão porque, depois de 10 anos vocês ainda estão fazendo tão pouco. Este é o 10º ano no qual eu venho aos Estados Unidos, e o 10º ano no qual alguns de vocês estiveram fazendo a Meditação de Transmissão.

"O que vocês estiveram fazendo todos esses anos?" eu me pergunto. É lógico, é uma questão de polarização. Se você está polarizado astralmente – e a maioria das pessoas nesses grupos estão – é mais difícil para você manter a atenção no centro ajna e então estar alinhado por mais do que alguns poucos minutos por vez. Também, as pessoas parecem não saber a diferença entre estar alinhado e não estar alinhado.Elas realmente acham que estão alinhadas. Eu tenho certeza que todos vocês estão chocados por esta declaração. Vocês imaginam que vocês estão alinhados, mas mesmo assim, francamente, a maior parte do tempo vocês não estão.

O que você está fazendo se você não está alinhado? Eu sugiro que vocês estejam em um estado de devaneio. Vocês estão com a mente vagando. Vocês estão em um estado no qual a atenção de vocês está rondando ao redor do plexo solar. Mas, já que vocês sabem que a Meditação de Transmissão envolve focar sua atenção no centro ajna, e já que de tempo em tempo, quando vocês se lembram, vocês podem levá-la de volta lá, vocês esquecem que ela caiu. Mas dentro de uns poucos minutos, ela cai. Se você adicionar os poucos minutos nos quais ela realmente está sendo mantida no centro ajna, e no qual você está transmitindo, isso chega, em média, a quatro ou cinco minutos por hora. Algumas pessoas apenas fazem uma hora de Meditação de Transmissão por semana. Isto é quatro a cinco minutos por semana. Não é muito. "O papel da Meditação de Transmissão no Desenvolvimento do Discípulo" [*Nota do Editor:* O título de uma palestra anterior, impressa no Capítulo 10.] é algo que não se aplica às pessoas que estão realmente fazendo quatro a cinco minutos de Transmissão por semana. Pouco pode ser esperado que se aconteça neste tempo.

Mesmo assim, o suficiente acontece, para fazer da Meditação de Transmissão uma poderosa forma de serviço. Se você está transmitindo de quatro a cinco minutos por hora, mesmo que por apenas uma hora por semana, você está recebendo o benefícios dessas forças espirituais através dos chakras de uma forma ainda mais poderosa do que você poderia conseguir por qualquer outro método, dada a mesma quantidade de tempo e esforço.

O ponto é, as pessoas não se esforçam muito. Elas acham que se esforçam. Elas têm boas intenções. Todos têm boas intenções. Todos imaginam que estão trabalhando muito duro. Mas do ponto de vista de um Mestre, elas estão apenas brincando de estarem em um grupo de Transmissão, brincando de ajudar o mundo. Um grupo de Meditação de Transmissão contata energias espirituais que transformam todo o mundo, politicamente, economicamente, socialmente e por aí vai. A maioria das pessoas estão contribuindo para isso com apenas alguns poucos minutos por semana, e mesmo assim, elas sentem que estão em uma situação muito potente, poderosa – na qual elas estão – mas só porque essas energias são tão potentes, tão poderosas, que estes poucos minutos de verdadeira Transmissão estão valendo alguma coisa.

## ALINHAMENTO DA ALMA

*Nós estivemos fazendo a Meditação de Transmissão por um bom tempo agora, mas parece que nós não fomos capazes de fazê-la corretamente (estarmos alinhados). Nós não estivemos realmente servindo através da Meditação de Transmissão?*
Eu conheço pessoas que estão muito felizes e orgulhosas em estarem em um grupo de Meditação de Transmissão. Elas falam sobre isso, contam à seus amigos sobre isso, e algumas vezes escrevem para mim sobre isso. Então, eu descubro que elas estão fazendo talvez uma hora, ou mesmo meia hora, por semana. Antes de começarem, elas tem, talvez, um grupo de estudo, fazem exercícios, tem sessões de cura, etc. Depois disso, elas comem bolo, tomam café, e conversam com seus amigos. Entre isso, elas fazem meia hora ou uma hora de Meditação de Transmissão e, ao fazerem isso, elas acham que estão servindo ao Plano. Isso é realmente um grande glamour. Se você está

realmente alinhado por talvez cinco minutos em uma hora (a média), isso realmente não é muito. Cinco minutos por hora, por semana, é dificilmente servir ao Plano de evolução. Isso é fingir servir ao Plano de evolução. Eu digo isso com sentimento, porque eu sei que muitas pessoas participam da Meditação de Transmissão de um forma muito casual: nem mesmo toda a semana, talvez uma vez a cada duas, três ou quatro semanas. Ainda assim elas acham que estão fazendo a Meditação de Transmissão. Esta é a atividade de serviço delas, uma vez por semana, ou uma vez por mês, por uma hora ou algumas horas no máximo, nas quais elas podem estar alinhadas, e portanto, realmente transmitindo, por cinco minutos.

Eu dou muita importância à isso, porque é muito importante perceber que se você não está alinhado, você não está transmitindo. As energias saem do nível da alma e você precisa estar alinhado com a alma. É por isso que você precisa manter a atenção no centro ajna. Se você não fizer isso, mas olhar para o lado, ou pensar sobre o que você jantou e como isso está pesando em seu estômago, então provavelmente você não está de forma alguma alinhado. A maioria das pessoas possuem uma atenção muito pobre e portanto um alinhamento muito pobre. Tendo dito isso, a coisa boa, no entanto, é que a Meditação de Transmissão é tão poderosa, tão científica, que mesmo estes poucos minutos são de mais valor em termos de serviço e crescimento pessoal do que qualquer outra coisa que você possa fazer.

Os grupos Japoneses, eu preciso dizer, têm uma atitude completamente diferente para com a Meditação de Transmissão e serviço de forma geral. Isso é devido, provavelmente, ao 6º raio de alma do Japão e a longa tradição que os Japoneses têm em relação a meditação. Eles encaram a Meditação de Transmissão como patos na água, como nós falamos. Eles a amam, e eles têm o recorde mundial de alinhamento durante a

Transmissão, e portanto em realmente transmitirem. A média de alinhamento no mundo é cerca de cinco a seis minutos. Existem alguns, é lógico, que fazem muito mais. Existem pessoas no Japão que fazem 55 minutos em uma hora, e a maioria ficarão alinhados por 10 minutos em uma hora. A média no Japão é cerca de 15 a 20 minutos por hora. Isso é realmente transmitir.

*Como nós podemos ter certeza quanto a um verdadeiro alinhamento?*
Há uma forma de se ter certeza quanto a um verdadeiro alinhamento. É se tornando mentalmente polarizado. Se você não está mentalmente polarizado, você achará mais difícil manter o alinhamento. Verdadeiro alinhamento é o resultado de uma constante polarização no plano mental ou em um superior.

A humanidade está passando por um processo de gradualmente elevar a base da sua consciência, o nível geral onde sua consciência age, do plano astral para o mental. Por 6 milhões de anos, durante a primeira a raça, a Lemuriana, a consciência da humanidade estava focada no plano físico. Não há ninguém no mundo hoje que possua apenas consciência do plano físico. Nós temos consciência neste nível, então ele é uma realidade para nós, mas ele não é a base de nossa consciência.

Para a maioria da humanidade, a base da consciência se moveu para o plano astral. Esta mudança de foco foi alcançada pelo homem durante a raça raiz Atlante, que durou 12 milhões de anos. Levou, portanto, um longo tempo para o homem Atlante aperfeiçoar o veículo astral, o que ele fez de uma forma tão boa, que a maioria das pessoas hoje ainda são polarizadas no plano astral. O corpo astral é o corpo mais poderoso do indivíduo comum.

Nós somos membros da quinta raça raiz, ou Ariana (que não possui nenhuma relação com a idéia de

Ariano de Hitler). Nós temos como objetivo evolucionário aperfeiçoar o veículo mental, o que se faz quando uma pessoa tem consciência de todos os quatro planos mentais (existem quatro sub-planos do mental e sete sub-planos do astral). Quando você alcançou polarização nesses e elevou sua consciência até o plano causal (o sub-plano mais alto do plano mental), você tem o começo da polarização espiritual.

Em termos de iniciação, polarização astral, e portanto foco astral de consciência, continua até metade do caminho entre a primeira e segunda iniciações – o que eu chamo de 1.5. Por conveniência, meu Mestre e eu concordamos quanto a esta definição de precisão para falar sobre o ponto de evolução de uma pessoa. Você tem uma variação de grau muito boa, que significa nível de consciência, se você faz isso desta forma.

Em cerca de 1.5, a mudança da polarização astral para a mental começa a acontecer. Se você é 1.5, você provavelmente ainda será polarizado astralmente, embora de tempos em tempos, haverá um grau de polarização mental. Uma oscilação entre o astral e o mental ocorre por um período bem longo até 1.6. Então você pode dizer que uma pessoa é mentalmente polarizada, mesmo que esteja apenas no começo da polarização mental. Pode ser interessante notar que a maioria de nossos presentes líderes mundiais estão em cerca de 1.6, então eles têm o começo da polarização mental. Eles são obviamente membros avançados da humanidade, mas do ponto de vista dos Mestres, eles ainda estão nos estágios elementares do discipulado.

Em 1.6, você começa a funcionar no mundo de uma forma totalmente mais poderosa. Assim que você alcança polarização mental, assim que você pode trabalhar no plano mental de forma inteligente, sua influência, poder e presença no mundo são aumentadas, como o Mestre DK diz, centenas de vezes. Tal é a diferença entre a polarização astral e mental, que mudar de 1.5 para 1.6 dá a você centenas de vezes mais poder, influência e efeito no mundo – tão poderoso que o plano mental é comparado com o astral.

    A polarização mental continua até metade do caminho entre a segunda e terceira iniciações. Neste ponto, a polarização muda do plano mental para o plano da alma, e o alinhamento é completado. Ele pode oscilar por um tempo, mas eventualmente, há uma firme polarização espiritual. A pessoa está então alinhada automaticamente a todo momento. Não há esforço para se manter o alinhamento. Nós não nos esforçamos para termos consciência no plano físico ou astral; ela é natural para nós. É apenas quando se trata do plano mental que a maioria das pessoas têm problemas. O plano espiritual, para a maioria das pessoas, é apenas uma idéia, algo que elas podem tocar em uma meditação, mas não fazerem muito mais do que isso.

    Como você pode ter certeza quanto a um alinhamento verdadeiro? Se torne polarizado mentalmente e eventualmente, é lógico, polarizado espiritualmente – em outras palavras, se torne iniciado.

*Como nós podemos reconhecer que nós estamos realmente alinhados durante a Transmissão? Como nós sabemos?*

Pode ser que algumas pessoas não consigam saber. A pessoa que é muito polarizada astralmente, cujo corpo emocional está altamente excitado e portanto desorientado em seu foco, provavelmente não terá a atenção para saber o que o alinhamento é. Alinhamento entre a personalidade e a alma ocorre quando você mantém sua atenção no centro ajna, entre as sobrancelhas. Este é o centro diretor. Eventualmente, ele se torna a síntese para todos os centros abaixo dele.

    Se você ainda está astralmente polarizado, você pode não ter muita atenção. O reconhecimento do alinhamento, e praticamente tudo mais relacionado com o desenvolvimento de qualquer tipo, está relacionado com a atenção. Se você não tem atenção, você não aprende muito. Se você está ensinando uma criança, e a criança não presta atenção, ela não aprende. Você apenas aprende aquilo para o qual você dá atenção. Se você quer aprender muito bem, fazer o melhor uso de energia e tempo que você dá para qualquer trabalho, faça ele com completa, total atenção, excluindo todo o resto, totalmente concentrado e participando do que você está fazendo.

Quando alguém está falando e você realmente quer saber o que ele está falando (e não está sendo apenas educado e pensado em seus próprios pensamentos), você precisa dar à ele atenção. Quando você dá à ele atenção, você ouve – e normalmente se lembra. De forma semelhante, você pode reconhecer os chakras, você pode sentir se você está alinhado ou não, apenas quando você presta atenção para o que está acontecendo. Durante a Meditação de Transmissão, as energias da Hierarquia estão passando através dos vários chakras. Se sua atenção estiver mantida no centro ajna, um alinhamento é automaticamente criado entre o cérebro físico e a alma, usando o canal de luz que nós chamamos de antahkarana.

Você não estaria fazendo a Meditação de Transmissão se você não tivesse feito outra forma de meditação antes desta vida. Todos vocês fizeram muita meditação em vidas anteriores, talvez as últimas quatro ou cinco, nas quais vocês formaram, em um grau considerável de eficiência, o antahkarana. Este canal é composto de energia, e liga a alma e o cérebro do homem ou mulher. Através dele, o alinhamento entre a alma e o cérebro é mantido. Assim que você coloca sua atenção no centro ajna, você ativa este canal. Se você não presta atenção para o que está acontecendo com você, você não se torna consciente. Toda a vida, você descobrirá, todo o desenvolvimento, é um processo pelo qual você gradualmente se torna consciente de cada vez mais coisas. É um aperfeiçoamento gradual de um instrumento de consciência. Na Meditação de Transmissão, é um instrumento através do qual as energias são enviadas ao mundo. Da mesma forma, é um instrumento pelo qual o Ser pode Se demonstrar, manifestar-se no plano físico, porque esta é a natureza do serviço ocorrendo através da alma. A alma age em serviço para o Ser. A personalidade eventualmente precisa agir em serviço à alma.

*Existem algumas regras básicas para alinhamento e para saber quando você está alinhado, ou isso varia de acordo com os raios, sensibilidade do corpo, etc?*
Isto certamente varia de acordo com a sensibilidade do corpo. Existem alguns corpos físicos que parecem feitos de madeira ou pedra, bem insensíveis às energias fluindo através do corpo etérico.

Nem todos sabem que têm um corpo etérico. Eles ouviram que todos têm um corpo etérico, mas até onde vai a experiência deles, eles não estão conscientes dele. Isto está muito relacionado com o raio do corpo físico, não com o do corpo mental ou da personalidade. Pode estar parcialmente (mas apenas parcialmente) relacionado com o ponto de evolução. Em grupos como este, este não é normalmente o caso, porque todos estão mais ou menos no mesmo nível. Em grande parte, é porque eles tem este corpo de madeira – ou tipo mineral de corpo, que os torna literalmente insensíveis às suas experiências físicas e portanto, não as registram no cérebro. Existe certa dicotomia entre suas sensações físicas e o sistema de computador que é cérebro deles em registrá-las. Não quer dizer que eles sejam menos evoluídos. Existem algumas regras básicas de alinhamento? A primeira regra é prestar atenção. Faça o esforço concentrado de manter a atenção no centro ajna. Isso não acontece sozinho. Se você tem a vontade de se dar bem na Meditação de Transmissão, e se tornar um instrumento melhor para os Mestres desta forma, você precisa implementar sua vontade. Faça o esforço necessário. Pratique. Mantenha a atenção no centro ajna. Pratique mantê-la lá todo o tempo durante o dia. E para não interromper e distrair a sua atenção; um foco positivo é necessário.

*Durante a Meditação de Transmissão, nós deveríamos prestar atenção nas energias entrando no corpo, sentindo o plano físico, ou nós devemos nos focar no centro ajna e não ligarmos em sentir as energias no corpo físico?*
Depende do tipo de corpo que você tem. Algumas pessoas tem uma experiência muito forte das energias no plano físico, no corpo etérico. Existem aqueles que experienciam as energias de uma forma ou outra, mas que dizem que não realmente as sentem, no sentido físico da palavra. Seria inútil dizer à essas pessoas para se concentrarem nas energias no plano físico, porque elas não experienciam as energias lá. Se você de fato experiencia as energias no plano físico, de forma clara e forte, e sua atenção está focada no centro ajna, eu não sei como você pode não estar consciente delas, mesmo sem se focar nelas
  No meu caso, eu estou totalmente consciente da experiência no plano físico, nos chakras etéricos, das diferentes energias conforme elas entram. Eu diferencio elas uma das outras, ou qual é a mistura em particular. Eu sou ofuscado por Maitreya, e Ele está liberando a energia do Triângulo Cósmico. Ele a traz abaixo pelos planos, e então as eleva pelos planos. Talvez o Avatar da Síntese estará em um certo nível, o Espírito da Paz em outro nível, e o Buda em outro nível. Maitreya leva as energias para baixo e para cima, e eu vejo isso ocorrendo. Eu não estou dizendo que, portanto, todos devem ver isso, mas se você realmente vê o que seu corpo etérco está experienciando, você pode em tempo

começar a diferenciar entre os diferentes tipos de energia, cada qual sendo única. No começo da Transmissão, eu menciono as energias conforme elas entram, seja do Triângulo Cósmico ou a energia de raios, de forma que as pessoas possam aprender a distinguir uma das outras. Por outro lado, é perfeitamente possível para as pessoas transmitirem de forma eficiente sem reconhecerem uma energia em relação a outra.

*Durante a Meditação de Transmissão, eu algumas vezes não consigo sentir o centro ajna, mesmo que minha mente esteja quieta e eu sinta que minha atenção esteja no local certo. Isso quer dizer (1) Que eu estou definitivamente não alinhado? (2) Eu posso ainda estar alinhado, mas estou apenas insensível ao corpo etérico?*
(1) Não, não necessariamente. (2) Sim.

*Eu não sei se eu estou alinhado na Meditação de Transmissão. De alguma forma parece que eu não estou, com exceção de alguns poucos minutos por hora. O que está faltando?*
O que está faltando é atenção. E consciência. Preste atenção ao que está realmente acontecendo, para o que você está experienciando conforme as energias são enviadas, com sua atenção mantida no centro ajna.

Você se tornará consciente da atividade deste chakra. Você pode se tornar consciente da atividade em outros chakras também, de uma vibração de energia, um tipo de pressão conforme as energias fluem através dos chakras. Cada vez que você participa em uma Transmissão, os chakras são expandidos mais do que eles estavam antes. As energias estimulam a atividade dos chakras e se irradiam para o mundo, e você pode tentar se tornar consciente desta energia realmente fluindo através do chakra.

Quando você não está alinhado, quando sua atenção cai, como ela inevitavelmente cai, você pode continuar sentindo a energia e pensar que você ainda está alinhado. Mas 99 vezes de 100, você está apenas sentindo a vibração residual da energia depois que ela passou pelo chakra. Enquanto você está alinhado, há um movimento dinâmico através do chakra, mas assim que você para de ficar alinhado, a energia não está mais sendo enviada através de você. A energia vem do plano da alma, mas se você não está em contato com o plano da alma através do alinhamento, você não pode receber a energia.

Você precisa reconhecer que isso é assim prestando atenção. Reconheça a diferença entre um dinâmico fluxo de energia através do chakra e uma simples vibração residual que existe depois que a energia passou.

*Você está dizendo que nós precisamos nos tornar sensíveis ao corpo etérico, afim de reconhecermos se nós estamos alinhados com nossa alma e transmitindo de forma adequada?*
Este é um pré-requisito. O denso-físico vem do etérico-físico que o delineia. Os chakras existem não no denso, mas no físico etérico.

Portanto, se você quiser se tornar consciente dos chakras, e então se tornar mais sensível à vinda e saída de energias e dos diferentes tipos de energia – porque todas elas são sentidas de forma diferente – você precisa se tornar consciente do corpo etérico.

*Se nós não estamos conscientes dos chakras durante a Transmissão, é provável que nós não estejamos transmitindo adequadamente?*
Você pode reconhecer, quando você está alinhado e adequadamente transmitindo, se você está experienciando o fluxo de energia através do chakra. Você de fato sente a pulsação da energia. Se você não está consciente do chakra, é possível que você não

esteja realmente alinhado e transmitindo. Você pode descobrir que sua atenção está embaixo, no plexo solar. Muitas pessoas não sentem este chakra também, mas já que a maioria das pessoas são polarizadas astralmente, este é o local comum de suas consciências e portanto atenções, então elas nem precisam senti-lo. Você pode aprender a sentir este chakra (plexo solar) também.

Ele é um chakra bem poderoso, um centro de distribuição, e você pode absorver energia do sol através dele e se energizar todo dia. Você pode fechá-lo (e assim não gastar sua energia), trabalhar com ele cientificamente. Quando você está consciente do chakra, você verá que você pode abri-lo e fechá-lo à vontade, mas você precisa se tornar consciente dele primeiro como uma unidade funcional em seu corpo etérico. Então ele irá obedecer sua vontade; seja lá o que você disser para ele fazer, ele fará.

*É possível vagar com a atenção em sua cabeça e pensar que você está alinhado no centro ajna?*
Não é só possível, isso acontece o tempo todo. É por isso que algumas pessoas fazem três ou quatro minutos de verdadeira Transmissão em uma hora. Pensando que elas estão focadas no centro ajna, elas estão na verdade vagando com a atenção. Vagar com a atenção e ficar em um estado de devaneio são atividades astrais. Devaneio é um dos principais obstáculos para correta Transmissão, para qualquer tipo de meditação na verdade. Muitas pessoas tomam o devaneio por meditação, e acreditam que as imagens astrais que elas experienciam neste estado estão saindo da alma ou são mensagens dos Mestres ou mesmo Arcanjos, enquanto que elas são apenas reflexões subconscientes.

Devaneio, vagar com a atenção, passar por essas experiências imaginativas satisfatórias, inibe o pensamento correto. Mais e mais, a raça precisa aprender a usar o corpo mental, do qual nós mal arranhamos a superfície. Portanto, é essencial erguer sua consciência para fora do lamaceiro astral em direção à luz da mente através da qual a alma pode trabalhar. Use sua mente, e a vontade por trás dela, para lidar com estas glamourosas imagens astrais e o devaneio, e seque a fonte delas.

*Defina exatamente a atividade mental que nós podemos e não podemos ter durante a Transmissão. Existem símbolos que nós podemos visualizar e no qual podemos nos focar?*
Certamente não existem símbolos que você deve visualizar ou focar-se. A atividade mental que você pode ter durante a Transmissão é a de qualquer nível que não interfira com o seu alinhamento. Você terá descoberto, sem dúvidas, que qualquer nível interfere com o seu alinhamento. Idealmente, você deve estar tão constantemente alinhado de forma que você possa falar, escrever, ou fazer outras coisas, e continuar em absoluto alinhamento. Ele deve se tornar tão instintivo e se manter de forma automática assim.

Já que poucos têm este tipo de foco, você precisa limitar a atividade do corpo mental. Isso acontece, automaticamente, quando você mantém sua atenção no centro ajna. Se você pensa no OM, não há muito mais no que você possa pensar no mesmo momento. Se você pensa no OM, você descobrirá que imediatamente todo o pensamento que você estava tendo antes diminui. Sua atenção está alinhada, até que você a perde e tudo começa novamente: a mente de macaco se torna ativa e sua atenção cai novamente. Quando você reconhecer isso, fale o OM e você descobrirá que por um período de tempo, talvez segundos ou minutos, você está repentinamente em outro estado tranqüilo, mais bem-aventurado no qual não há atividade mental. Não é necessário se livrar de toda atividade mental para se estar alinhado, mas a atividade mental da maioria das pessoas é um empecilho para o alinhamento.

*Como eu posso lidar com o desconforto físico durante o alinhamento?*

Ache uma poltrona reta, confortável e use uma almofada se necessário. Se você está realmente alinhado, você não estará muito consciente de suas sensações físicas. Você sentirá que seu corpo desapareceu. Você quase irá parar de respirar. Você descobrirá, quando você faz a Transmissão corretamente, que existem longos períodos quando você parece não respirar. A respiração é tão leve, tão imperceptível, apenas a suficiente para fazer com que o corpo continue em suas atividades. Então, repentinamente, de forma involuntária, você toma uma grande respiração de ar.

As pessoas se distraem de todas as formas na Transmissão, nas quais elas acham que não terão importância. Elas se distraem, a não ser que você tenha um constante, inquebrável alinhamento entre sua alma e o cérebro físico. Você não precisaria então sentar quieto, focado, prestando uma tremenda atenção. Isto seria automático. Até que você tenha isso, as coisas que te distraem têm importância. Você deve levá-las a sério. Você deve presta atenção e se concentrar. Se você não se concentrar, você não pode prestar atenção. Se você não prestar atenção, você estará inconsciente do que está acontecendo, com exceção de que você está se sentindo desconfortável.

O importante é aprender a se concentrar, se tornar consciente, alcançar este foco de atenção que se torna automático e ocorre mesmo quando você não está fazendo nenhum esforço, ou está confortável ou não.

*É uma boa idéia interromper a Transmissão, para dar uma caminhada afim de tentar ajudar o alinhamento, e então continuar?*

As pessoas não conseguem ficar alinhados por muito tempo quando elas estão sentadas, quietas, tentando se manter alinhadas. Você acha que se elas se levantarem, darem uma caminhada, beberem algo, conversarem um pouco, escreverem para seus amigos, ficarem de ponta-cabeça, isso de alguma forma ajudará no alinhamento delas? Se você interromper sua concentração e atenção tanto assim, é provável que isso ajudará você a se alinhar melhor? É lógico que não.

*É bom, durante a Meditação de Transmissão, usar visualização ou a imaginação criativa em tentativas para manter sua atenção no centro ajna – por exemplo, imaginando uma luz no centro, ou outra coisa?*
Não há problema em se fazer isso, mas não deveria ser necessário, e muito esforço em fazê-lo pode interferir muito com o alinhamento que deve ser mantido entre o cérebro e a alma.

*Durante a Meditação de Transmissão, é bom, ou mesmo apropriado, visualizar o centro ajna se conectando com o centro da coroa?*
Não. É interessante como as pessoas não gostam da simplicidade, e sempre tentam tornar métodos simples, complicados. A Meditação de Transmissão foi formulada por um Mestre no Qual, eu acho, nós precisamos ter confiança quanto ao seu conhecimento de como ela pode ser melhor realizada. Por favor – mantenha-a simples, como foi apresentada, sem visualização.

*Você disse que se pode ainda sentir uma sensação no centro ajna mesmo que sua atenção tenha caído. É meio que uma pós-sensação. A questão é, como você diferencia entre os dois, e por quanto tempo esta pós-sensação continua e você ainda pode continuar transmitindo?*
Para onde seus olhos estão olhando? Seus olhos ou estarão olhando para o chakra no qual você está

alinhado, ou eles não estarão. Há um tipo de negatividade que vem quando você se foca no plexo solar. Agora, eu estou me focando no plexo solar, mas eu estou fazendo isso através do ajna. Apenas veja o que acontece. Agora, eu estou experienciando de forma deliberada o plexo solar, mas você verá que eu estou fazendo isso através do ajna. É feito com uma intenção consciente.

Isto é diferente de literalmente deixar cair a atenção ao plexo solar. Você pode fazer o que quiser a partir do centro ajna, se você está focado lá. Mas eu estou falando sobre literalmente deixar cair a atenção e colocá-la em uma negatividade astral. Você pode dizer se você está focado no ajna ou no plexo solar. É uma sensação. Você pode sentir. Sua sensação é uma ou outra.

*Na Self-Realization Fellowship, eles tem uma foto de Babaji. Seus olhos estão virados para cima, quase ao ponto de desaparecerem. Ele está fazendo a mesma coisa que está sendo pedido para nós fazermos?*
Se você se encontrasse com Babaji, seus olhos não estariam lá em cima. Ele olharia de forma normal para você e diria: "Como vai você?" Este jeito é a forma que Ele é visto em meditação. Sua atenção está lá em cima, no topo da cabeça.

Qualquer um que medita sobre o chakra da cabeça, da coroa, precisa virar seus olhos para cima. Mas quando você faz a Meditação de Transmissão, você coloca sua atenção no centro ajna, entre as sobrancelhas. Ela não está lá em cima. E você pode aprender a mantê-la lá de forma indefinida. Ou você pode levá-la ainda mais para cima, mas você não precisa fazer isso.

*Há um ano eu tentei literalmente olhar para dentro com meus olhos, e isso realmente teve uma conseqüência ruim*

*no meu olho físico. Talvez seja uma coisa ruim fazê-lo em meu caso, colocar o pensamento lá.*
Sim. O pensamento é a coisa importante, não virar os olhos. Tudo o que você precisa fazer é manter sua atenção elevada. Isso não deve ser feito de forma tensa. Se você o fizer de forma tensa, os olhos doem. Mas se você o faz de uma forma relaxada, eles se viram para cima e são mantidos lá. Eu acho que você deve ter sido muito rígido.

*Há problema em se meditar com seus olhos abertos?*
Eu pessoalmente não recomendo. Já é difícil o suficiente meditar com seus olhos fechados, sem tentar fazê-lo com seus olhos abertos. Com seus olhos abertos, você está recebendo todas as experiências que vêm através dos olhos – todas as sensações de luz, movimento, pessoas, grama, seja lá o que estiver ao redor de você. Meditação é se distanciar disso. É ir em direção à alma. Se você pode se fechar em relação à todo o seu ambiente, isso torna o contato com a alma muito mais fácil. É por isso que você fecha seus olhos.

*O instrutor espiritual Muktananda falou sobre ver uma pérola azul no centro ajna quando você está alinhado. Os Sufis falam sobre ver uma luz negra.*
Isto não é necessário. Você pode ter todos os tipos de possibilidade. Muitos instrutores têm, de seus instrutores, tradições que tornam isso mais fácil. Mas você não precisa ver nada para manter sua atenção lá. É simplesmente uma mudança de atenção. Você não precisa visualizar o chakra. Você pode, se você quiser. Você pode visualizar uma bola de cristal, uma luz negra, uma pérola, ou o que seja. Isto é feito apenas para ajudar a visualizar o chakra. Mas na Meditação de Transmissão, todo o trabalho é feito para você. Nós não estamos invocando a alma. O trabalho está sendo feito pelos Mestres, Que estão enviando a energia através do

chakra. Tudo que você precisa fazer é manter a atenção, afim de que Eles possam fazê-lo. Você nem mesmo precisa visualizar o chakra ou algo no chakra. Estas duas são funções diferentes. Eles não estão fazendo a Meditação de Transmissão. Eles estão ensinando Seus discípulos a fazerem contato com a alma, que não é o que nós estamos fazendo. Nós estamos usando os chakras na forma correta, de forma que os Mestres possam enviar Suas energias através de nós. Isto simplesmente envolve o foco – só isso.

## MANTENDO A ATENÇÃO ELEVADA

*Parece que muitos de nós estamos tão poderosamente focados no plexo solar, que nós temos dificuldade em levar a atenção para cima e mantê-la no centro ajna. Eu me pergunto, além da meditação, durante o curso do dia, fazendo as coisas que nós fazemos, como fazer um esforço consciente para manter a atenção no centro ajna pode nos ajudar a longo prazo, em termos de sermos capazes de manter a atenção lá?*

Você precisa aprender a trabalhar do centro ajna. A maioria das pessoas trabalha do plexo solar. É uma questão de polarização. Se você está entre 1.5 ou 1.6, você é polarizado astralmente. Isto significa que a base da sua consciência é o plano astral. Isso condiciona tudo o que você faz.

Se você é polarizado mentalmente, isto irá condicionar a reação física. Se você disser para seu corpo ficar queito e sentar, ele irá fazê-lo.Você se esquecerá dele, e ele fará seu trabalho e ficará sentado lá; os músculos o manterão reto. Mas se você cair na natureza astral, que deseja conforto – é o desejo astral que responde à necessidade do corpo por conforto, não ter dor, ficar rígido ou o que seja – então você terá problemas. É por isso que as pessoas não conseguem ficar quietas. Neste país, e isso obviamente ocorrerá no

Japão e em outros lugares, um dos maiores assassinos desta quietude interna, da habilidade de se concentrar, é a televisão comercial. O alcance da atenção de qualquer pessoa, da infância em diante, é mínimo. Ela é cortada em pequenos segmentos. Seja lá o que ela estiver assistindo, em poucos minutos, de forma repentina, vem o comercial. Há uma música e uma conversa rápida, e por aí vai, e suas atenções são completamente fragmentadas. Então, depois de cinco minutos, elas são levadas novamente à continuação da história. Então elas ficam absortas novamente, suas naturezas astrais são satisfeitas.

Mas esta mudança contínua em foco na televisão comercial é, eu acho, uma grande destruidora da atenção. Não veja a televisão comercial,e mantenha sua atenção no centro ajna a todo momento.

*Durante a Transmissão, você está criando o alinhamento entre o cérebro e a alma ao manter a atenção no centro ajna. Mas quando você está no seu dia a dia, você está criando o mesmo alinhamento ao manter a atenção lá?*
Sim. Você está definitivamente criando este alinhamento e mantendo o alinhamento. É isso que é o antahkarana.

*Se nós estamos apenas alinhados dois ou três minutos em uma hora na Transmissão, e se as pessoas estão alinhadas em tempos diferentes, nós, em algum momento, temos um triângulo sendo formado?*
Você é muito pessimista. Você ficaria surpreso. Os alinhamentos de fato se sincronizam – por alguns minutos e depois não – o suficiente para fazer valer a pena. Esse é o ponto. Elas são tão potentes, essas energias, que está é a coisa mais importante que você poderia estar fazendo.

*É quase de tanto valor tentar fazer a Meditação de Transmissão sozinho? Você realmente pode atrair a atenção dos Mestres? Ela funcionará?*
Ela pode. Se você usar a Grande Invocação, a energia fluirá. Não será a mesma coisa, porque você não tem o triângulo. O triângulo potencializa todas as energias e é mais seguro; mais energia pode ser enviada de forma segura através de um grupo de pessoas que estão em formação de triângulos do que através do mesmo número de indivíduos separados.

*Durante o ofuscamento, você está se focando no chakra da coroa, mas minha atenção parece voltar sempre para o meu centro ajna porque ela parecia mais forte.*
Não, ela apenas caiu, porque é mais difícil manter a atenção na parte de cima da cabeça.

*Existem considerações de segurança para se manter a atenção no chakra da coroa?*
Sim, existem. É seguro manter a atenção no centro ajna. Este deve eventualmente se tornar o lugar normal para a sua atenção. Este é o centro diretor do qual toda ação é tomada. Manter a atenção na parte de cima da cabeça é apenas para ser feito durante o ofuscamento quando eu estou presente. Não é seguro para a maioria das pessoas manterem suas atenções na parte de cima da cabeça. Porque elas estiveram fazendo isso quando eu estou aqui, não quer dizer que elas devem continuar com isso. O centro ajna é o centro seguro.

## PENSANDO NO "OM" DURANTE A MEDITAÇÃO DE TRANSMISSÃO

*Eu não consigo realmente entender o que se quer dizer por "pensar no OM" durante a Transmissão, de forma a manter minha atenção no centro ajna. Você vê o OM?*

Você não vê o OM, você pensa no OM. É o pensamento, o som do OM no plano mental que você vê, não vendo-o como um OM escrito. É o som do OM, embora você não esteja fazendo o barulho dele. Mas no plano mental, você está fazendo este som.

*Pensar no OM? Pensar no som do OM?*
Pensar no OM. Assim como você pensaria em qualquer pensamento. Pense no OM, não o OM escrito, mas o OM pensado.

*Talvez a pergunta seja, o OM deve ser generalizado em sua cabeça ou localizado no centro onde você quer que sua atenção vá?*
Ele deve estar na mente, onde quer que esteja sua atividade de pensamento, que será no seu cérebro. Você pensa no OM. Você diz que seu nome é João. Pense no João. Ou Alice. Ou Vera. É um pensamento, como qualquer outro pensamento. Você não pensa nele de forma diferente, mas a própria palavra é diferente, este é o ponto. O OM é o grande mantra.

*Deve existir uma forma de pensar na palavra onde você ouve o som de uma forma melhor que nós estamos fazendo.*
Você não a ouve, você pensa nela. Ouvir e pensar são duas coisas diferentes. Você pode fazer isso de forma rápida ou lenta, mas é em pensamento; não é diferente de qualquer outro pensamento, com exceção de sua reverberação na mente. É isso que leva sua atenção ao centro ajna. É a vibração. Se você diz "OM" em voz alta, isso vibra em um certo nível. Se você diz ele silenciosamente, em outro. Se você pensa nele, ele vibra no mais alto.

*A habilidade de se ligar ao som interno em sua cabeça, o OM interno, tem alguma relação com o ofuscamento?*

Não.

*(1) Durante a Meditação de Transmissão, quando você está concentrado no centro ajna, é bom respirar em um certo ritmo? (2) Ao fazer isso, você pode se concentrar melhor?*

(1) Durante a Meditação de Transmissão, é melhor não tentar regular ou até mesmo estar consciente da respiração de forma alguma. Em prática, se a atenção está verdadeiramente mantida no centro ajna, você verá que a respiração automaticamente para por longos períodos e recomeça com uma inspiração repentina. Ela deve, em qualquer caso, ser leve, alta no peito, e silenciosa. Não faça exercícios respiratórios. (2) Não, você está simplesmente se concentrando na respiração.

*Como você reconcilia o OM e a respiração?*
Você não usa o OM em relação à respiração. Você simplesmente pensa no OM. Você pensa no OM em qualquer momento, esteja você respirando ou não respirando. Não é uma questão de "com a expiração" ou "com a inspiração", é simplesmente quando você percebe que sua atenção não está mais no centro ajna que você pensa no OM. A reverberação no plano mental do OM leva sua atenção de volta ao centro ajna.

*Você envia o OM para o mundo externo?*
Você não o envia. Você pensa nele. É muito mais simples do que as pessoas imaginam. Você não deve fazer nenhum exercício de respiração. Você simplesmente deixa a respiração seguir seu próprio ritmo, e ela ficará cada vez mais lenta até ela quase desaparecer. Conforme ela fica mais lenta, você descobrirá que seus pensamentos ficam mais lentos. Quando você está realmente focado, quando sua respiração está parada – apenas o mínimo para manter seu corpo vivo – não há pensamento. Você vai além do pensamento.

## RESPIRAÇÃO E PENSAMENTO

*Quando a respiração fica mais lenta há uma repentina sensação de pânico, de leve sufocação.*
Se sua respiração fica assim tão lenta, chegará um momento no qual você terá que respirar. Mas não deve haver pânico. Não fique com medo. Apenas respire. É fácil! Você não precisa lembrar você disso. A diminuição é instintiva, você não precisa controlar isso, nem você controla quando você respira; seu corpo lhe dirá quando. Ele tem sua própria inteligência. Ele sabe quando ele precisa de oxigênio, e quando ele irá respirar. Esqueça a respiração.

*A sua respiração desacelera porque seu foco está saindo da respiração para este foco que você está mantendo?*
Conforme você se foca no centro ajna, sua atividade mental desacelera. Ela pode acelerar, eu sei. Mas se você fizer isso da forma correta, você descobrirá que cada vez menos pensamentos estão chegando à mente. Conforme o pensamento desacelera, a respiração desacelera, e vice versa.

É por isso que um dos principais exercícios de yoga é controlar a respiração, porque pensamento e respiração vêm da mesma fonte. Se você realmente se focar no centro ajna e manter o foco lá com o OM por longos períodos, você descobrirá que não há pensamento, e portanto nenhuma respiração. Então você respira e começa a pensar. Você soa o OM novamente e todo o processo se repete.

*Qual á a fonte do pensamento e da respiração?*
Ache esta fonte. Preste atenção no pensamento do "Eu". Com cada pensamento que chegar à mente, pergunte a si mesmo: "Quem pensou isso?" Você dirá: "Eu pensei isso". Continue: "Quem sou Eu?". Siga esta sensação de "Eu", e você descobrirá que conforme você faz isso,

conforme você volta cada vez mais para a fonte do "Eu", seus pensamentos irão desacelerar, assim como sua respiração. Você descobrirá que ambos estão vindo da mesma fonte. Experiencie por você mesmo de onde eles vêm.

*Isto está relacionado com o que Maitreya diz: Quando há um espaço entre a respiração e o pensamento, "Lá estou Eu"?*
Sim. É por isso que Ele pode usar este espaço. O ponto é que aquilo que nós chamamos de respiração é o impulso do universo. Toda a criação está respirando, e nós não estamos separados disso. Nossa respiração é a respiração, neste nível, desta grande pulsação que criou tudo o que nós podemos ver. Esta grande exalação criou o universo, toda a criação. Não havia nada, e então havia tudo. Então há a inspiração, na qual tudo retorna para sua fonte. Você tem o movimento externo de criação, e o movimento de retorno, involução e evolução. Nossa respiração está intimamente relacionada com esta respiração.

Eu estou falando sobre encontrar a fonte da respiração, a fonte do pensamento do "Eu", o pensamento primordial. Antes do pensamento do "Eu", você é. Mas assim que você pensa "Eu", você se separa de quem você é. Descubra quem você é, quem tem o pensamento do "Eu". Quem está pensando neste "Eu"?

Tenha a sensação disso como o Ser, e você descobrirá que o que nós estamos chamando de respiração, esta atividade que nos conecta com o universo, e o pensamento do "Eu", vêm da mesma fonte. Vá além do pensamento do "Eu". Vá além da respiração e você se descobrirá como o Ser, que está além da criação – aquilo que criou inicialmente a respiração, que respirou. Quando você para com a exalação e inspiração, há apenas causa. Você é esta causa. Experiencie ela.

## TRANSMISSÃO, MEDITAÇÃO E TRABALHO DE REAPARECIMENTO

*A Meditação de Transmissão é uma prioridade no trabalho de Reaparecimento?*
É uma prioridade, mas não a única prioridade. O valor da Meditação de Transmissão é que ela oferece aos discípulos um campo de serviço sem igual no mundo. Ao mesmo tempo, ela provê também um grande reservatório de energia e poder do qual você pode extrair a qualquer momento. Isto sustenta você. Em minha experiência, os melhores, os mais ativos grupos, os mais eficientes, têm uma boa, forte atividade de Meditação de Transmissão em sua base. Ao mesmo tempo, como um campo de serviço, ela queima muito do fardo do karma que segura as pessoas. O principal empecilho para a evolução é o karma. Qualquer coisa que retire o peso do karma das suas costas deve ser bem vinda, não importa o quão difícil possa ser. Obstáculos são oportunidades kármicas para superar e se livrar do peso do karma, em resolvê-lo e se mover adiante rapidamente. A Meditação de Transmissão é a prioridade no trabalho dos grupos de Meditação de Transmissão. Mas a primeira prioridade é o trabalho de Reaparecimento, tornar conhecido o fato do Reaparecimento.

As pessoas freqüentemente me perguntam como nós devemos diluir nosso trabalho para o Reaparecimento ao nos unirmos a outros grupos, fazer outros tipos de trabalho, se envolver em alimentar os famintos, e por aí vai. Existem muitos grupos servindo à causa da fome, muitos grupos preocupados com a pobreza, muitas poderosas, e mais ou menos eficientes agências em trabalho ao redor do mundo.

No entanto, ninguém no mundo espera que este grupo esteja engajado no trabalho de anunciar a presença de Maitreya – acreditando que Ele está no

mundo e agindo quanto a isso. Existem muitos grupos fazendo o trabalho Hierárquico, que não acreditam por um momento que a Hierarquia está se exteriorizando e que o Cristo está no mundo. Eles trabalham de uma forma diferente, subjetivamente, com menos intensidade talvez, e com menos resposta para o que está acontecendo agora. Eles estão fazendo um tipo de trabalho esotérico mais acadêmico, disseminando informação, falando sobre as várias escolas esotéricas.
Todas eles saem da mesma fonte Hierárquica. Todos eles recebem, mais ou menos, energia Hierárquica. As diferenças em suas expressões são simplesmente as diferenças na ênfase em personalidade e expressão de raio. Mas nós somos o único grupo que, de uma forma muito consciente, está deliberadamente tornando conhecido o fato da presença do Cristo no mundo.

    Outros grupos – e existem muitos em muitos campos (político, econômico, social, religioso e por aí vai) – estão fazendo o trabalho de preparação. Eles não chamam isso disso, porque eles não sabem o que isso é. Eles estão fazendo este trabalho de uma forma inconsciente – preparando o mundo, fazendo as mudanças que tornam possível para Hierarquia emergir.

    Por quanto tempo você deve se engajar em outros trabalhos? Isto depende de você. Se você quiser meu conselho, não dilua muito seu tempo e energia. Você não pode fazer tudo. Você não pode mudar o mundo individualmente ou como um grupo, e certamente não da noite para o dia. Faça o que você sabe fazer, que é o trabalho de Reaparecimento.

    É por isso que você está aqui. Se este grupo tivesse sido formado simplesmente para se falar sobre os milhões passando fome, para trabalhar com a Oxfam ou outros grupos – bem, existem coisas maravilhosas que você pode fazer em muitas linhas diferentes de serviço agora sendo feitas por muitas pessoas. Mas diga-me onde mais há um grupo fazendo o que nós estamos fazendo. Isso sendo assim, é algo de bom senso dar à este trabalho de Reaparecimento a maior parte de seu tempo, energia e esforço.

*Há um "debate saudável" ocorrendo dentro de alguns grupos de Meditação de Transmissão: alguns pensam que é muito importante se encontrar para formar grupos de estudo e "grupos de discussão esotérica" enquanto que outros pensam que a situação no mundo e o trabalho de dia-a-dia de informar o público, etc, precisa de atenção neste momento em particular. Você, por favor, poderia comentar e aconselhar?*

Este é um momento de crise e tensão e precisa da atenção e aplicação fixa de todos os grupos trabalhando para o Reaparecimento. Alguns grupos tiveram uma "recaída" no glamour dos "grupos de estudo para auto-educação" às custas de informar o público sobre Maitreya e Seus planos. Parece que eles pensam que a emergência de Maitreya está anos à frente de forma que não haja pressa especial para informar o público. Eles estão errados – e ficarão em déficit em relação a isso.

*Eu acho que não havia necessidade para você anunciar a idéia do Dia da Declaração, porque para aqueles que fazem a Meditação de Transmissão, a emergência de Maitreya não tem muita importância. Nosso propósito deveria ser o de simplesmente continuar e espalhar serviço altruísta como transmissores da luz da humanidade. O anúncio da idéia da Declaração insinua um sentimento de expectativa na mente dos transmissores e pode levar ao perigo de esperar inconscientemente Maitreya. Então, o trabalho de Transmissão, que deve ser serviço altruísta, poderá ser feito não para a humanidade, mas para si mesmo e*

*poderia destruir a pureza da Transmissão. (2) Ou esta anúncio foi feito para testar os transmissores?*
Eu temo que aquele que fez a pergunta entendeu de forma totalmente errada o propósito por trás de meu trabalho em anunciar a presença e emergência de Maitreya, e a relação da Meditação de Transmissão com este evento e depois dele.

É precisamente para criar um sentimento de expectativa na escala mais ampla possível que eu dou palestras e escrevo. Longe de ser um perigo para os transmissores, esta expectativa, quanto mais consciente melhor, deve oferecer uma poderosa plataforma para o serviço, a Meditação de Transmissão e/ou outras formas. Minha tarefa é a de informar à todos que irão ouvir, não apenas aqueles fazendo a Meditação de Transmissão, sobre o Dia da Declaração, e eu realmente não vejo como esta informação interfere com o serviço altruísta de alguém à humanidade. Aqueles fazendo a Meditação de Transmissão não devem se ver como um grupo de elite de alguma forma separado da humanidade como um todo. Eu acredito que todo mundo precisa da orientação e ensinamento de Maitreya, que Sua emergência é importante para todos nós. Nada pode destruir a pureza da Transmissão, com exceção dos glamoures emocionais e tendências separatistas daqueles participando. (2) Não é necessário se dizer que meu anúncio da emergência de Maitreya é feito com total seriedade e propósito, e não para testar ninguém.

*Depois do Dia da Declaração, qual será o benefício prático do trabalho de Meditação de Transmissão em curto prazo?*
A Meditação de Transmissão não é simplesmente um meio de distribuir energias para levar à Declaração do Cristo. É um processo de longo prazo pelo qual as energias Hierárquicas podem se tornar disponíveis em

massa para a humanidade em um nível que elas possam ser absorvidas e usadas. É também um processo que levará aqueles envolvidos em sua prática aos Portões da Iniciação. É uma forma de cooperar com os Mestres da Hierarquia em servir o mundo e, ao mesmo tempo, uma yoga de auto-desenvolvimento de enorme benefício prático para aqueles participando.

*Qual será o papel dos grupos de Transmissão depois do Dia da Declaração?*
A Meditação de Transmissão será uma atividade constante para você nesta vida, na próxima vida, e no futuro até onde você quiser servir desta forma. Existirão cada vez mais, e maiores grupos, conforme as pessoas acharem esta uma forma interessante de se servir.

A transmissão de energia é básica para o processo evolucionário. Em todos os lugares, existem grupos mais evoluídos transmitindo energia para grupos menos evoluídos, do lugar mais alto do cosmos que você possa ir, até o mais baixo. Tudo no cosmos evolui em resposta às energias recebidas de cima.

# CAPÍTULO 10

## O PAPEL DA MEDITAÇÃO DE TRANSMISSÃO NO DESENVOLVIMENTO DO DISCÍPULO- SEU PROPÓSITO SUBJACENTE

*O seguinte artigo é uma transcrição editada de palestras dadas por Benjamin Creme nas conferências de Meditação de Transmissão, feitas nos Estados Unidos e Holanda em 1987. Participaram das conferências membros comuns de grupos de Meditação de Transmissão na América do Norte e na Europa. As perguntas e respostas relevantes levantadas durante as conferências estão também inclusas.*

*O trabalho da Meditação de Transmissão se espalhou através do mundo, e o número de pessoas que se unem ou começam grupos de Transmissão está crescendo a todo momento. É interessante notar que a informação contida no seguinte artigo foi dada pelo Mestre de Benjamin Creme neste momento. Ela seja, talvez, um bom exemplo da maneira como a Hierarquia comunica cada vez mais ensinamento e informação aos discípulos, conforme seus desenvolvimentos e capacidades permitem.*

ATÉ AGORA, quando eu falei ou escrevi sobre a Meditação de Transmissão, eu enfatizei, no todo, seu aspecto de serviço. Se a Meditação de Transmissão é algo de alguma forma, ela é inquestionavelmente um ato de serviço ao mundo.

    Mas há ainda mais do que serviço na Meditação de Transmissão. Não é possível ter estas grandes forças espirituais transmitidas através do grupo sem que estes indivíduos sejam transformados. Conforme as energias passam através dos chakras, elas estimulam e elevam a atividade dos vários chakras, acima de tudo do coração, da garganta e da cabeça. Por causa disso, a Meditação de Transmissão é provavelmente o método mais útil de crescimento pessoal aberto à qualquer indivíduo hoje. Ela é como uma câmara de compensação, um processo forçado; portanto, ela não é para todos. Mas para aqueles que estão prontos para este estímulo, ela é, por excelência, o método da evolução rápida. Em um ano de sustentada e correta Meditação de Transmissão, uma pessoa pode fazer o mesmo avanço evolucionário como se fizesse 10 a 15 anos de meditação comum. Ela é portanto um enorme estímulo para o processo evolucionário.

    Até agora, a maioria das meditações foram dadas, pelo menos no começo, para grupos específicos que podiam lidar com a meditação, cumprir suas rigorosas regras e requerimentos, e então gradualmente liberarem ela mais exotericamente ao mundo. Estas tomaram seus lugares como as várias formas de meditação que são habitualmente utilizadas ao redor do mundo. Cada uma delas é uma técnica que o leva à um correto contato com a sua alma. É quanto a isso que se trata a meditação. Os Mestres, até agora, estiveram preocupados em levar as unidades mais avançadas da humanidade até um ponto onde elas podem fazer contato com suas almas e construir o antahkarana, o canal de luz entre o homem ou mulher em encarnação, e a alma individual.

    Um processo inteiramente novo está a caminho. Uma nova energia está entrando no mundo, o 7º raio da Ordem Cerimonial, Ritual ou Organização, assim como as vindouras energias de Aquário, que trabalham em direção à síntese. As energias Aquarianas podem ser sentidas, apreendidas e utilizadas apenas em formação grupal.

    Até agora, a maior parte da ênfase no desenvolvimento foi dada no discípulo individual. Isso foi necessário, devido a qualidade individualizante do 6º raio da Devoção, ou Idealismo, que dominou o nosso mundo pelos últimos mais de 2.000 anos. Este raio está agora saindo de encarnação, e nós estamos sendo influenciados cada vez mais pelo 7º raio, que estimula a atividade grupal por causa de sua atividade organizadora, assim como as energias Aquarianas, conforme elas influenciam nossas vidas.

Outro grande fator é a exteriorização da Hierarquia Espiritual Que, por milênios, permaneceu fora de vista, oculta, em Seus retiros nas montanhas e desertos do mundo. Ela está retornando agora ao mundo em um número bem substancial. Minha informação é a de que existem agora 12 Mestres no mundo e Seus números irão gradualmente aumentar até que existam, pelos próximos 20 anos ou mais, cerca de 40 Mestres trabalhando abertamente no mundo. *[Nota do Autor:* 14 Mestres no mundo até 1997.]

Esta ocorrência altamente incomum traz energias totalmente mais potentes em nossas vidas, e abre possibilidades inteiramente novas à humanidade. Particularmente, isso é assim para os discípulos e aspirantes do mundo e para a Hierarquia em seu plano de longo prazo de unir o centro, Hierarquia, onde o Amor de Deus é expresso, e o centro, humanidade, onde a Inteligência de Deus é demonstrada.

Isso levará inevitavelmente à fusão dos três maiores centros, incluindo Shamballa., "o centro onde a Vontade de Deus é conhecida". No presente, entretanto, pelo próximo período de 2.500 anos, os Mestres da Hierarquia irão trabalhar em direção a gradual fusão do centro Deles e aquele da humanidade.

O principal trabalho do Cristo, como o Instrutor do Mundo para este ciclo vindouro, é o de levar a humanidade à Hierarquia Espiritual, através das duas primeiras portas, a primeira e segunda iniciações. Este é um plano de longo prazo, e passos para fazer com que isso aconteça estão em alguma extensão a caminho.

Até onde diz respeito aos discípulos, os Mestres trabalham de forma tão potente, tão específica, quanto os discípulos permitem. Nenhuma informação, nenhuma forma ou técnica é retida que pode ser aplicada ou conhecida de forma segura. Nós mesmos condicionamos o grau para o qual o ensinamento e as técnicas necessárias para o desenvolvimento do futuro imediato são dadas.

A Meditação de Transmissão é uma das principais formas de se levar ao alinhamento entre os dois reinos, o Reino de Deus, a Hierarquia Espiritual, e o reino humano. Isso é porque ela é uma técnica que liga a atividade destes dois grupos. A Meditação de Transmissão é o meio pelo qual a Hierarquia libera Suas energias através de grupos e que, ao mesmo tempo, pelos ajustes kármicos assim feitos, permite a Ela trabalhar com estes grupos de uma forma muito mais próxima do que seria de outra forma possível.

Os Mestres, até agora, trabalharam com grupos apenas até onde os grupos puderam responder às Suas impressões. Trabalho grupal do ser, ou trabalho iniciado pela alma, de impressão Hierárquica, ou de direta supervisão Hierárquica. Os discípulos mais elevados trabalham sobre supervisão ,e muitos deles trabalham através de grupos que respondem à influência de suas almas, ou da influência mais remota dos Mestres.

Os Mestres estão ansiosos em desenvolver uma relação mais próxima, uma relação de trabalho, com os discípulos do mundo. Conforme Eles emergirem, Suas esperanças são a de que Eles não irão permanecer muito distantes dos discípulos em trabalho, e serão capazes de trabalhar na cooperação consciente mais próxima com eles. É lógico, levará tempo para desenvolver este tipo de relacionamento próximo. A Meditação de Transmissão foi dada como um ponto de começo para este tipo de trabalho. Ela leva um homem ou mulher da simples relação com sua própria alma, para a criação, através da Transmissão grupal, de uma alma grupal através da qual os Mestres podem trabalhar.

A Meditação de Transmissão é o método por excelência para grupos formarem sua própria alma grupal. Isso não é algo que alguém decide fazer conscientemente, mas que acontece da atividade inter-relacionada dos indivíduos no grupo.

A Meditação de Transmissão, já que ela ocorre no nível da alma, gradualmente oferece o campo no qual a alma grupal pode ser sintetizada. A alma grupal não é a soma total dos raios individuais de um grupo, não importa quantos estejam envolvidos, mas uma síntese das forças que compõem este grupo. O grupo pode ser composto de pessoas de vários raios de alma, com uma variedade de raios de personalidade, mental, astral e físico. Da síntese formada pela Meditação de Transmissão, evolui uma nova, distinta nota, que os Mestres podem estimular e trabalharem através. Isso relaciona o grupo à um Mestre, não simplesmente à uma base individual, mas em um sentido grupal. Os Mestres enviam as energias através do grupo com dois propósitos sempre em mente. Primeiramente, o serviço de distribuição de Suas energias, e em segundo lugar (e para Eles tão importante), a gradual transformação das qualidades dos indivíduos no grupo em um raio de alma misturado, com um propósito específico dado à ele pela alma do grupo. Desta forma, o grupo se torna um potente posto avançado para o trabalho da Hierarquia Espiritual. Ela pode utilizar tais grupos por estimulação e impressão, para fazerem certos trabalhos que qualquer Mestre individual pode ter como uma parte de Sua área específica do Plano.

    O Plano geral de evolução vem de Shamballa. Trazido pelo Buda para a Hierarquia, ele é esboçado pelo Cristo, o Manu, e o Mahachohan. Cada Mestre toma uma porção do Plano que Ele sabe que intuitivamente

irá de encontro com Suas próprias habilidades, e Ele procura desenvolver através de Seu grupo o funcionamento de Seu particular aspecto do Plano.
    Este não é um processo de mão única. O trabalho dos próprios grupos, freqüentemente, estimula um desenvolvimento do plano dos Mestres. Eu sei, por exemplo, que meu Mestre está fazendo um trabalho que Ele nunca planejou fazer, respondendo perguntas, escrevendo livros, e dando estruturas de raio de iniciados com seus pontos de evolução. No entanto, grupos ao redor do mundo evocaram de mim respostas que, por sua vez, levaram à repostas do Mestre, estas se desenvolveram e condicionaram o trabalho que o Mestre faz. Este é um acontecimento extraordinário. Esta é a forma na qual os Mestres querem trabalhar. Eles parecem ter um tempo sem fim, e entusiasmo para o que, para Eles, parecem ser tarefas muito entediantes.
    Eu me lembro quando os raios foram fornecidos para a *Share International*. Eu tinha 578, de forma alguma um número memorável, e eu tinha uma lista com mais a fazer, alguns deles, iniciados bem altos, eu achava. Estava chegando no momento da publicação, e eu estava esperando que eu conseguiria 600, já que este seria um bom número redondo. O Mestre um dia me disse, bem repentinamente: "Você sabe, é tão bom que você me ofereça esta campo de serviço. É tão entediante aqui em cima, sentado mexendo os meus polegares, com nada para fazer. Eu estou tão grato à você por ter me dado estes raios para olhar. Eu estou tão feliz quanto a isso." Eu senti uma mudança. Ele continuou: "Não peça por outra estrutura de raios de qualquer tipo até que eu diga que você pode, que será daqui vários meses em diante." Ele disse de forma firme. "Não, não mais. Em alguns poucos meses você pode." Eu disse: "Bem, nós temos este iniciado de terceiro grau e aquele outro pode ser um de quarto – pessoas bem avançadas." Eu supliquei: Eu gostaria de um bom número redondo, por

favor?" Finalmente Ele consentiu e disse: "Tudo bem, este e este e é o fim." Então haviam 580. [*]

Ele é tão gentil, tão generoso com Seu tempo, que o trabalho é feito, e desta forma, Ele deu ao mundo informação nunca antes dada, que para o estudante, é absolutamente fascinante. Se alguém olhar para o ponto de evolução de pessoas como Mahatma e Indira Gandhi, Hitler, Júlio César, ou quem é que seja, isso coloca suas próprias idéias sobre a evolução em perspectiva. É extremamente interessante, e eu sei que muitas pessoas acharam isso de um enorme benefício.

Esta é a forma na qual os próprios grupos podem evocar de um Mestre, trabalho que Ele não tinha antecipado fazer. É lógico, se um Mestre não pretende fazer alguma coisa, ele não irá fazê-la a não ser que Ele veja algum propósito de valor em fazê-lo.

A Meditação de Transmissão foi dada para nos oferecer um campo de desenvolvimento, e para oferecer à própria Hierarquia um campo de expressão através do qual Ela pode trabalhar e unir o reino humano e o Reino Espiritual. Seu propósito subjacente é o de levar os grupos envolvidos através dos portais da iniciação. Através da iniciação, os dois reinos são unidos, e, como já declarado, o principal objetivo do Cristo nesta era é o de levar a humanidade ao Reino Espiritual.

A razão pela qual os Mestres, depois de milhares de anos, podem voltar ao mundo, é a de que a humanidade está agora pronta para entrar no Reino de Deus, o Reino Espiritual. Depois de 18 milhões e meio de anos, a humanidade está pronta para dar este passo e se tornar o discípulo mundial. Finalmente, a humanidade está amadurecendo e alcançando este primeiro passo em direção à sua divindade. Este é um evento extraordinário no desenvolvimento da humanidade e está por trás da exteriorização da Hierarquia.

O Mestre DK escreveu (através de Alice A. Bailey) sobre uma forma especializada de Laya Yoga que será a yoga da Nova Era. Laya Yoga é a yoga das energias, dos centros. Esta forma especializada de Laya Yoga de fato já é conhecida. Ela é chamada de Meditação de Transmissão.

A Meditação de Transmissão é uma fusão de duas yogas: Laya Yoga, a yoga das energias, e Karma Yoga, a yoga do serviço. Ela combina precisamente estas duas formas mais potentes de evolução. Nada movimenta um homem ou mulher tão rapidamente pelo caminho da evolução do que estar engajado poderosamente, de forma potente, em alguma forma de serviço. Isso é Karma Yoga. É a alavanca do processo evolucionário.

A outra alavanca igualmente importante é a meditação. Meditação leva você em contato com a sua própria alma, e eventualmente em contato com o Reino das Almas. A combinação destes dois, serviço e meditação, é o método mais potente de se caminhar pelo caminho da evolução, levando-o ao caminho do discipulado, para o caminho da iniciação e eventualmente para a Maestria.

Os Mestres chamam o trabalho Deles de o Grande Serviço. Eles estão aqui apenas para servirem. Eles fizeram disso o Seu trabalho, a razão Deles de ser, porque Eles sabem que não há nada mais importante em todo o universo manifestado do que serviço.

O fato de existir um universo é devido a atividade da grande Consciência que está por trás dele e o trouxe à manifestação. A razão pela qual nós estamos aqui neste planeta, como formas de pensamento na mente do Logos criador, é porque o Próprio Logos está servindo ao Plano de Evolução do Logos Solar. Nós somos parte deste grande Plano, se o Logos Solar vê o serviço como o início e o fim de Sua atividade, então eu acho, como pequenos reflexos desta deidade, nós podemos concluir que nós mesmos devemos estar relacionados com serviço. Não poderia ser de outra forma. Serviço nos leva de volta eventualmente, em total consciência Logóica, à identifiação com o Logos do qual nós somos parte.

    Meditação e serviço, ligados, oferecem os meios. A Meditação de Transmissão une estas duas mais potentes alavancas do processo evolucionário- Laya, a yoga das energias, e Karma, a yoga do serviço. Elas impelem as pessoas envolvidas nelas a irem rápido na última fase da evolução: o caminho da iniciação.

    A maioria das pessoas entrando no trabalho grupal são atraídas à esta atividade onde elas podem se ver, conversar sobre elas mesmas, aprender sobre elas mesmas. Elas estão preocupadas quanto a avançar, conhecerem a si mesmas, e desenvolverem esta e aquela faculdade. "Canalização" se tornou a "coisa" dos grupos Nova Era. A Meditação de Transmissão não oferece o formato para todas essas coisas interessantes da personalidade – é apenas ficar sentando e aparentemente fazer nada. Nada parece acontecer. Certamente, ela não é algo sobre o qual você pode falar: "Você sabe o que aconteceu hoje a noite? Eu descobri quem eu fui em minha última vida" Você não pode ir para casa e dizer isso. Ninguém está lhe dizendo quem você foi – Cleópatra ou outra pessoa. Você esta apenas sentado lá, permitindo que estas energias passem através de você. Algumas pessoas acham isso um pouco difícil de ver como algo de valor.

    Se você faz isso, você deve estar fazendo pelo serviço que isso dá ao mundo. Portanto, se você faz de forma consistente e cuidadosa, você quase certamente já terá tomado a primeira iniciação. De outra forma, você não estaria interessado.

    Portanto, a maioria já passou através dos portais pelo menos uma vez e, como o Cristo diz em Sua mensagem Nº 21: "Eu levarei vocês à Ele quando vocês estiverem prontos, quando vocês estiverem passado pelos Portões duas vezes, e estiverem brilhando diante de Mim." Isso significa, levá-los à terceira iniciação.

Um dos mais importantes deveres do Cristo é como o "Nutridor dos pequeninos", como ele é chamado. Isso envolve nutrir aqueles que tomaram as duas primeiras iniciações e prepará-los para a terceira.

Já se é iniciado antes de ficar diante do Iniciador, o Cristo nas duas primeiras iniciações, e o Senhor do Mundo na terceira e mais elevadas iniciações. De outra forma, seus chakras não poderiam suportar o fluxo do fogo do cetro de iniciação: no caso das duas primeiras iniciações, do Cetro Menor como ele é chamado, usado pelo Cristo, ou, na terceira e mais elevadas iniciações, o Diamante Flamejante, que é carregado a partir do Sol Espiritual Central e é focado nos chakras do iniciado pelo Senhor do Mundo.

Uma das principais tarefas do Cristo é a de estimular os aspirantes e discípulos do mundo de forma que eles possam passar através dos "Portões" duas vezes diante Dele – tomar as duas primeiras iniciações – e ficar diante do Próprio Senhor do Mundo, tomar a terceira iniciação e se tornar divino.

Os Mestres pensam em iniciação e em ser iniciado como tendo-se tomado a terceira iniciação. As duas primeiras são realmente preparatórias, integrando a personalidade, com seus corpos físico, astral e mental em um todo. Quando isso acontece, a terceira iniciação se torna possível. Então a tarefa do Cristo é a de nutrir o que parecem ser indivíduos, mas o que são na verdade grupos, porque por trás de cada indivíduo, há um grupo. Nós vemos os indivíduos; os Mestres vêem os grupos.

Já que Eles estão voltando ao mundo agora, Eles estão estimulando a formação de grupos que podem realmente ver uns aos outros, trabalharem juntos, e criarem de suas atividades uma alma grupal, vibrando em uma taxa em particular. A vibração que a própria alma grupal gera através da Meditação de Transmissão e serviço (o que a Meditação de Transmissão é) pode então ser estimulada e utilizada pelos Mestres, e eventualmente pelo Próprio Maitreya.

A "nutrição dos pequeninos" ocorre em dois níveis. Aqueles que já tomaram a segunda iniciação são estimulados diretamente por Maitreya. Aqueles entre a primeira e segunda iniciações são também nutridos, hoje, pelo processo de ofuscamento. Conforme eu vou de grupo em grupo e Ele me ofusca, isso se torna um ofuscamento grupal, e desta forma, Maitreya é capaz de fazer por eles, o que Ele não poderia fazer de outra forma. A energia é "rebaixada" até um ponto onde ela pode ser usada de forma segura para o trabalho de nutrição. É um experimento que Ele tem realizado assim que Ele me ofusca de alguma forma.

Tudo que os Mestres fazem, produz muitas conseqüências desta mesma atividade, e então o trabalho gera mais atividade e uma maior expressão de Seus propósitos.

O propósito subjacente, então, da Meditação de Transmissão, é o de oferecer os meios, o estímulo, para levar os grupos envolvidos nela para o portal da iniciação. Antes de tudo, há o estímulo energético das energias passando através dos chakras. Conforme as pessoas participam do trabalho de Transmissão, seus chakras são estimulados de uma forma totalmente mais potente do que eles poderiam ser. Nós mesmos condicionamos o grau no qual o estímulo ocorre. Pelo nosso serviço, nossa atividade, nós gradualmente desenvolvemos um dinamismo nos chakras, que permite aos Mestres darem mais. "Para aqueles que tem, será dado." Isso não significa que se você é rico, você conseguirá mais dinheiro. Significa que se seus chakras estão abertos, vibrantes e radiantes, você pode realmente receber mais energia, porque você magneticamente a atrai, e ela pode ser dada de forma segura. Então, conforme você participa da Meditação de Transmissão, você oferece aos Mestres e à você mesmo um campo de trabalho no qual o estímulo é exatamente, cientificamente, proporcional à sua habilidade em servir. Eles oferecem a energia e, conforme você a coloca em uso, você magneticamente atrai mais energia para você a cada Transmissão que você participa. Isso precisa ser contínuo, é lógico. É um processo dinâmico, e precisa ser feito de forma consistente e regular.

Com cada Transmissão, você gradualmente desenvolve uma habilidade em receber maiores potências de energias e expandir sua sensibilidade para diferentes energias.

Um dos grandes experimentos ocorrendo na Hierarquia no momento, é o relacionamento dos vários ashrams. Existem três grandes departamentos: aquele do Manu, o Cristo, e o Mahchohan, e então os vários ashrams de raios subsidiários. O problema para a Hierarquia sempre foi o de encontrar grupos que pudessem trabalhar de uma forma sofisticada. Por exemplo, embora o Mestre Morya esteja sobre o 1º raio e o Mestre Koot Hoomi esteja sobre o 2º, Eles sempre trabalham juntos. Eles o fizeram por tantos séculos, e eu não tenho dúvidas que Eles continuarão a fazê-lo pelos próximos 2.500 anos, por causa da relação próxima entre o 1º e 2º raios. Então, os Mestres do Amor e os Mestres da Vontade trabalham juntos na associação e harmonia mais próximas, com uma identidade de propósito e métodos de trabalho, que, embora diferentes, interagem e correspondem à necessidade interna conforme Eles vêem a necessidade.

No campo exterior, entre os discípulos, Eles tentam levar ao mesmo estado de coisas. A Hierarquia é uma totalidade de sete grandes ashrams, cada um com seis ashrams subsidiários, sendo 49 no total. O objetivo eventual é o de que estes 49 ashrams devem estar trabalhando juntos na mais próxima harmonia e relação com os outros, uma interação funcionando de tal forma que cada um contribui com seu próprio método de raio definido para o Plano em relação à todos os outros, não de forma separada, mais juntos.

Eles prevêem um tempo no qual nós mesmos iremos trabalhar neste tipo de relacionamento. Então, há um experimento ocorrendo na Hierarquia no qual aos grupos de Transmissão, seja lá em qual raios eles possam estar, são dadas oportunidades de trabalho com outros raios além do seu próprio.

Eu não sei se isso é verdade para grupos que não fazem a Meditação de Transmissão, mas nos grupos com os quais eu trabalho, este experimento esteve ocorrendo desde Março de 1974, quando o primeiro grupo de Meditação de Transmissão foi formado em Londres sobre a ordem do meu Mestre.

Em algum momento no andar da Transmissão, a cada grupo é dada a oportunidade de trabalhar com, e ter transmitido através dele, raios que podem ser bem diferentes de suas próprias estruturas de raio. Estruturas de raios variam (um grupo pode conter mais ou menos de cada raios), mas a maioria dos grupos tendem a ter, por atração gravitacional, o mesmo raio de alma. Eu descobri que os raios dos países parecem determinar o raio dominante dos grupos a serem encontrados nesses países. Isso não é por acaso, nem é acidental.

Neste trabalho, grupos são atraídos de todos os raios por causa da particular sintetizadora, atrativa força desta mensagem do reaparecimento do Cristo e dos Mestres da Sabedoria. Os grupos com os quais eu trabalho são aqueles que parecem responder à esta mensagem de uma forma ou de outra. Ela tende a atrair pessoas cuja estrutura de raios as permitem, de forma mais fácil do que outras, serem atraídas a este trabalho. Não existem muitas pessoas, por exemplo, que, no curso normal das coisas, estariam envolvidas na política, economia ou ciência. Elas tendem a ser de grupos metafísicos, ou são pessoas que têm um interesse do 2º raio em alguma das disciplinas metafísicas. O que atrai as pessoas para este trabalho é o fato de que a mensagem sobre o reaparecimento do Cristo atraiu suas imaginações. Suas almas responderam. Suas intuições dizem à elas que isso é verdade ou pode ser verdade, e então elas foram atraídas ao trabalho. Isso as leva em contato com energias que elas podem utilizar de várias maneiras.

A maioria das pessoas em grupos de Transmissão estão em algum ponto entre a primeira e segunda iniciações, e estão sendo preparadas para ficarem diante do Cristo e tomarem a segunda iniciação, o Batismo. Isto é o resultado da polarização mental. A segunda iniciação se torna possível quando o elemental astral está suficientemente dominado a partir do plano mental, através da polarização mental, de forma a enfraquecer o domínio da natureza astral do indivíduo. Através de nossa atividade emocional, nós atraímos energias do plano astral através de nosso poderoso corpo astral, desenvolvido pelos cerca de 12 milhões de anos da raça raiz Atlante e que agora tão poderosamente domina a maioria da humanidade. Através de sua extraordinária potência, ele mantém a humanidade vítima de sua natureza emocional, e eventualmente precisa ser controlado. Ele é criado a partir da atividade de vida de pequeninos elementais astrais, assim como nosso corpo físico é criado da atividade dos elementais físicos. Estas são pequeninas vidas que compõem nossos corpos, físico, astral e mental. Eles são matéria. Até mesmo nosso corpo mental é feito de matéria do plano mental. Esta matéria é criada pelos elementais do plano. Eles nos dominam, ou nós os dominamos. Eventualmente, é lógico, pela simples pressão da evolução, pela atração do grande imã cósmico que leva todo o ciclo evolucionário à existência, nós somos levados à um ponto onde nós precisamos encarar este problema: dominar inicialmente o elemental físico e tomar a primeira iniciação, e então o elemental astral e tomar a segunda iniciação.

A Meditação de Transmissão é literalmente um presente dos deuses. Ela acelera o processo a ponto de nos permitir, em pouco tempo, comparado com os ciclos anteriores, dominar o veículo astral. Não há nada mais potente para levar ao domínio deste veículo do que a Meditação de Transmissão. Por causa do método científico pelo qual os Mestres trabalham, ela produz as condições pelas quais a polarização mental se torna possível.

Polarização mental começa na metade do caminho entre a primeira e segunda iniciações. O número médio de vidas entre a primeira e segunda iniciações é cerca de seis a sete, e a maioria deste tempo é levado para ir de 1 para 1.5. Então, qualquer pessoa que saiba que ela está próxima de 1.5 deve perceber que, se ela é jovem o suficiente, ela pode provavelmente tomar a segunda iniciação nesta vida. Assim que a polarização mental é alcançada, todo o processo acelera tremendamente.

Há um plano muito importante que está relacionado aos grupos envolvidos na Meditação de Transmissão. Eles podem ver o Cristo muito mais cedo do que eles acham possível. Eu não quero dizer no sentido Dele vir diante do mundo – isso já está acontecendo de qualquer forma – mas de uma forma muito mais pessoal. Aqueles engajados na Meditação de Transmissão que estão agora ao redor de 1.4 ou 1.5, certamente ficarão diante do Cristo nesta vida e tomarão a segunda iniciação. A Meditação de Transmissão foi dada neste momento para permitir que isso aconteça e oferecer ao Cristo e os Mestres, potentes grupos já formados ao redor do mundo, que podem agir como estimuladores ao resto, e então acelerar todo o processo de evolução.

O Mestre DK disse que a coisa mais importante que você pode fazer ao mundo é controlar o veículo astral e se tornar polarizado mentalmente. Você liberta os éteres do mundo do impacto de sua atividade astral, emocional, que tanto os descolorem. O plano, o propósito subjacente, é o de levar a maior quantidade de grupos o mais rapidamente possível diante do Cristo na segunda iniciação, de forma que um grande grupo de pessoas preparadas em grupos de Transmissão virão diante de Maiterya e receberão a energia iniciadora do Cetro.

É por isso que o Cristo age tão poderosamente neste processo de ofuscamento para nutrir os grupos. Ele está fazendo isso agora, de forma experimental, através de mim para levar os grupos de Meditação de Transmissão ao redor do mundo ao ponto no qual eles possam ficar diante Dele e se tornarem realmente potentes, ativos trabalhadores. É preciso tomar a segunda iniciação para realmente ser ativo de uma forma que possa ser confiável da parte da Hierarquia: para trabalhar inteligentemente, objetivamente, sem a interferência do glamour astral. Para fazer bom trabalho objetivo, é necessário que se esteja, ou esteja próximo, da segunda iniciação.

    Eles desejam que todos passem por este obstáculo, porque ele é enorme. A segunda iniciação é a mais difícil de todas as iniciações a se tomar. É por isso que muita ajuda é necessária para passar por este obstáculo.

    Foi me pedido para apresentar à vocês esta promessa e oportunidade: Iniciação nesta vida. Vá atrás dela!

[* A lista de iniciados foi reimpressa, junto com 40 nomes adicionais, como um apêndice, em *A Missão de*

*Maitreya*, Vol.1. Mais uma lista de 201 nomes aparece como um apêndice em *Maitreya's Mission*, Vol. 2. *Maitreya's Mission*, Vol.3 contém a lista completa de 950 nomes.]

[*Nota do Editor:* Para mais informação sobre os raios e iniciações, vejam *A Missão de Maitreya*, Vol. 1, 2 e 3, por Benjamin Creme.]

❊

*Você poderia descrever o processo evolucionário do ponto de vista do discípulo, particularmente os estágios entre a primeira e segunda iniciações?*
O discípulo é alguém que está *conscientemente* participando da jornada evolucionária. Não é necessário dizer que toda a humanidade está evoluindo; ela evoluiu do antigo animal homem para o ponto onde nós estamos hoje. Por incontáveis eras de tempo, este processo tem ocorrido de forma mais ou menos inconsciente. A alma individual vem em encarnação continuamente, atraída para a evolução pelo imã da própria evolução.

O discípulo, por outro lado, tem um papel bem consciente neste processo, levando à um objetivo bem específico. A massa da humanidade não sabe realmente que há um ponto final, um objetivo, pelo menos no que diz respeito a este planeta.

O discípulo é alguém que sabe que há um objetivo, e procura acelerar ele mesmo sua evolução de uma maneira altamente consciente. O objetivo que ele vê é, é lógico, a perfeição – libertação da necessidade de encarnar neste planeta. O discípulo de bom grado e consciente, se submete à necessária disciplina – é isso o que é ser um discípulo – para chegar à este objetivo.

Existem cinco grandes pontos de crise que marcam o processo evolucionário. Estas são as cinco iniciações para a Maestria ou Libertação. Depois disso, você não precisa mais encarnar neste planeta. Estas cinco grandes expansões de consciência, que é o que a iniciação é, cobrem apenas as últimas poucas vidas da jornada evolucionária do animal homem ao Mestre totalmente libertado. Leva literalmente centenas de milhares de experiências de encarnação antes que a pessoa possa ser preparada para a primeira iniciação. Conforme a alma vê seu veículo chegando cada vez mais perto deste ponto, talvez quatro ou cinco encarnações ainda de distância da primeira iniciação, ela leva seu veículo, o homem ou mulher no plano físico, em contato com alguma forma de meditação.

Neste primeiro momento, isso pode ser bem leve; a pessoa ouve sobre a meditação, experimenta ela por um tempo, talvez gaste um pequena quantidade de seu tempo fazendo-a. Eventualmente, chega um vida na qual a pessoa irá gastar uma parte considerável de seu tempo devotada à prática de alguma forma de meditação. Não é a personalidade que procura a meditação; ela é forçada neste processo pelo impulso da própria alma. Neste sentido, a alma é o primeiro Mestre.

Quando, por muitas vidas passadas em uma abordagem mais séria em relação a meditação, a pessoa se torna pronta para a primeira iniciação, o Mestre aparece e guia, testa e prepara a pessoa para esta extraordinária primeira expansão de consciência.

Em encarnação estão aproximadamente 800.000 pessoas que tomaram a primeira iniciação. (É lógico, existem muitas fora de encarnação que passaram por esta experiência.) De 5 bilhões de pessoas, isso não é muito. Daqueles que tomaram a segunda iniciação, existem apenas cerca de 240.000 em encarnação; da terceira, entre apenas 2.000 e 3.000. Daqueles que tomaram a quarta iniciação, existem apenas cerca de

450 no mundo no momento. Os números são de fato muito pequenos. A coisa interessante hoje é que o processo está se acelerando de forma extraordinária. Agora, alguns milhões de pessoas estão no limiar da primeira iniciação. É por isso que a Hierarquia, pela primeira vez em milhares de anos, está retornando ao mundo cotidiano – os discípulos A estão trazendo magneticamente.

O discípulo probatório é visto e testado por um Mestre, no limiar do Ashram de um Mestre. Quando ele passou em seus testes e está pronto, ele entra através do portal da iniciação na Hierarquia e se torna um discípulo. Este é o começo de uma jornada da qual não há retorno, a queima dos barcos atrás do discípulo. Ele pode gastar muitas vida, se atrasar, mas ele realmente não pode se voltar contra a onda da evolução.

Então, ele entra em um período no qual uma grande batalha é lutada entre sua alma e sua personalidade. O homem ou mulher no plano físico se torna a arena da batalha por posse entre a vida de desejo de sua personalidade e a vida espiritual da alma. Eventualmente, embora possa levar algum tempo, a alma, já que ela é mais forte, vence.

A batalha pode ser travada por muitas vidas. Há uma média de seis ou sete vidas entre a primeira e segunda iniciação. É uma luta muito dura e dolorosa no começo, para o discípulo. Ele vê que ele está sendo estimulado em todas as frontes – mentalmente, emocionalmente e fisicamente. Seus três corpos estão estimulados como nunca antes. A batalha precisa ser travada simultaneamente em todos os três frontes. Conforme ele acha que ele está lidando com o inimigo atacando no fronte físico, ele se encontra invadido no fronte emocional. Ele traz todas as forças de sua personalidade para fazer com que o inimigo recue, e ele descobre que no plano mental e no plano físico, novamente, existem forças atacando-o por trás. Eventualmente, pela exaustão da batalha, ele desiste.

Ele se torna um discípulo aceito sobre a supervisão e disciplina de um Mestre, trabalhando próximo do centro de um Ashram de um Mestre. Então, ele descobre que ele não está sozinho, e nunca esteve sozinho, quando ele lutava, mas que ele é realmente parte de um grupo, cujos membros, ele provavelmente nunca encontrou no plano físico. Ele trabalha sobre a supervisão, não imediatamente de um Mestre, mas de um discípulo de um dos Mestres. Ele descobre que a batalha é travada de forma cada vez mais feroz, até que ele chega ao ponto na metade do caminho entre a primeira e segunda iniciações.

Repentinamente, ele vê um pequeno brilho de luz no final de um longo túnel. Ele descobre que o corpo físico está obedecendo à sua vontade, e que o corpo mais desgovernado de todos, seu corpo astral, (pelo menos, em duas ou três vezes de 100!) começa a ser controlado. Ele acha isso muito encorajador – ele vê um caminho adiante. Ainda é uma luta, mas ele vê que, se ele continuar, há esperança.

Então ele descobre que ele é colocado em contato com outras pessoas em algum trabalho grupal. Ele descobre que estas outras pessoas têm exatamente as mesmas experiências, as mesmas dificuldades, e ele percebe que isso é parte da eliminação de sua ignorância, glamour, ilusão, e começa a ver o mundo, a realidade e a si mesmo, como eles realmente são.

Para fazer com que tudo isso aconteça, a meditação foi dada ao mundo. Ela é o processo catalisador que permite à alma criar esta situação em seu reflexo. Ela controla seu veículo, mentalmente, astralmente e fisicamente, cada vez mais, tornando-o um reflexo mais puro de si mesmo. Seu objetivo é o de levar este veículo a se tornar um reflexo perfeito de si mesma. Ela faz isso estimulando a taxa vibracional de cada um dos corpos, físico, astral e mental, até que todos os três estejam vibrando mais ou menos na mesma freqüência. A alma não tem pressa. Ela tem eras de tempo, porque ela nem mesmo pensa em termos de tempo. É apenas o homem ou mulher, a personalidade, que tem a sensação de que isso está levando muito tempo. Parece a nós que nós nunca iremos estar livres destes controles físicos, astrais e mentais, que nos impedem de nos expressar como a alma, o ser espiritual, que nós sabemos que somos, cuja inteligência espiritual, amor e vontade está se demonstrando e irradiando. Quando este ponto é eventualmente alcançado, a terceira grande expansão de consciência pode ser tomada.

Isso é um divisor de águas no processo evolucionário. Do ponto de vista dos Mestres, esta é a primeira iniciação. As primeiras duas são vistas por Eles como iniciações preparatórias para a primeira verdadeira iniciação da alma, quando o homem ou mulher realmente se torna imbuído pela alma – e portanto verdadeiramente divino – pela primeira vez. Até antes, a divindade está lá, mas apenas em potencial.

Dois fatores levam a isso: meditação de alguma forma ou outra, levando o homem ou mulher em contato com a alma; o outro é serviço – alguma forma de serviço altruísta.

*Você poderia explicar um pouco mais sobre Karma Yoga e Laya Yoga?*
Karma Yoga é a yoga do serviço. Imagine você passando por essa encarnação com uma grande carga de karma em seus ombros, ou arrastando-o atrás de você em um grande trenó sobre um terreno bem acidentado. Você empurra e empurra, mas ele fica preso em cada pequeno barranco. Os feitos e mal feitos do seu passado são todos carregados com você, não apenas de suas

vidas passadas, mas os de ontem, da semana passada, do ano passado, e quando você era uma criança.

Tudo isso é o nosso karma. Tudo o que nós já colocamos em movimento, cada feito de cada causa criam nosso karma. Isso precisa ser resolvido, os nós kármicos precisam ser desatados, de forma que nós possamos prosseguir e nos tornarmos um Mestre com nenhum karma pessoal. Este é o objetivo do processo evolucionário.

Em termos de Karma Yoga, a Lei do Karma se torna a Lei do Serviço. Esta dá a oportunidade de equilibrar o karma negativo criado por muitas vidas. Karma Yoga é o serviço ao mundo de forma tão desapaixonada, tão desapegada, que uma pessoa possa fazer. É como se existisse uma grande balança, um lado no qual são colocados todos os nossos erros passados – o resultado de nossas imperfeições – e do outro, nossa atividade de serviço. Nós precisamos jogar cada vez mais coisas neste prato através do serviço para gradualmente equilibrarmos este peso do karma e resolvê-lo. Serviço queima o karma, levando ao equilíbrio dos dois. Isso é Karma Yoga.

Laya Yoga é a yoga da energia dos chakras. Esta yoga está por trás da manipulação das energias do cosmos, mas no sentido como nós usamos, ela é a yoga pela qual os Mestres transmitem suas energias através dos grupos. É uma yoga bem oculta, realizada para nós pelos Mestres. Eles são especialistas, Mestres Cientistas. Cada segundo de cada hora, Eles estão transmitindo e transformando as energias de alguma fonte extra-planetária (protegendo a humanidade daquelas que poderiam ser danosas).

Você consegue imaginar ter tão avançados cientistas supervisionando sua própria meditação? E mesmo assim, todos que fazem a Meditação de Transmissão entram em um campo de serviço tão simples, que uma criança de 12 anos pode fazê-la, mas que por outro lado, tem energias enviadas através dela de uma forma tão científica, que o avanço mais rápido pelo caminho evolucionário se torna possível. A Meditação de Transmissão foi introduzida ao mundo neste momento, porque apenas agora, existem grupos de discípulos se formando que são capazes de lidar com energias tão potentes, e em trabalhar de forma consciente em formação grupal.

Gradualmente, nós iremos ajudar os Mestres na manipulação destas energias e desta forma ajudá-Los a salvar tempo e energia.

*Agora que nós sabemos que podemos tomar nossa evolução em nossas mãos, isso é tão bom para o mundo – no sentido espiritual – assim como agir de forma totalmente altruísta em serviço ao mundo?*
Sim, eu diria que sim. Seja lá o que você coloca em suas mãos e trabalha conscientemente, terá mais propósito e será melhor dirigido do que o que você faz sem direção ou propósito. Então, o estímulo da Vontade vem ao processo. A Vontade é necessária afim de oferecer a força dirigente, impulsora, em direção à iniciação. Serviço de qualquer tipo irá gradualmente levá-lo ao portal da iniciação. Laya Yoga, o preciso processo científico de yoga que a Meditação de Transmissão é, oferece a direção e potência para o serviço que leva você à frente.

Uma das questões que freqüentemente surgem sobre a Meditação de Transmissão é a de que as pessoas estão inconscientes dos resultados. Elas não vêem o resultado da Transmissão, e elas se perguntam se elas estão de fato fazendo algo de bom para o mundo. Simplesmente servindo, elas precisam acreditar que elas estão ajudando o mundo. Elas não conseguem ver os resultados da Transmissão e dizem: "Tal e tal evento foi devido a mim. Isso ocorreu porque eu participei na maravilhosa Transmissão da última noite." Você não pode esperar este tipo de causa e efeito na Meditação de Transmissão. Mas o que você pode ver é a mudança em si mesmo. E quando você sabe que nesta vida, você pode tomar a segunda iniciação – e controlar o veículo astral – isso por si só deve impeli-lo a juntar-se a um grupo de Transmissão.

*Se a energia da alma não está sendo corretamente usada, como isso é demonstrado no corpo físico?*

Se a energia da alma, cuja natureza é inteligência, amor e vontade, não está sendo corretamente utilizada, isso pode se manifestar como doença física, perturbação emocional e/ou instabilidade mental. Se você faz uma meditação de forma correta – e eu não estou falando apenas da Meditação de Transmissão – e correto serviço, você descobrirá que tudo ocorre normalmente e da forma correta. Você não fica doente, ou se você fica, é uma doença kármica, algo do passado com o qual você deve lidar. Existem dois tipos de doenças no caminho do discipulado: a doença, física, astral ou mental, que é o resultado do não uso ou uso errado da energia da alma; e, principalmente, no final do caminho da iniciação, doenças que são simplesmente o fim para o indivíduo do fardo do karma.

Por exemplo, vamos tomar o caso de duas iniciadas bem conhecidas, H.P.Blavatsky e Alice A.Bailey, iniciadas de quarto e terceiro grau respectivamente. Elas estiveram doentes por uma parte considerável de suas vidas. Nos últimos 12 anos ou mais da vida da Madame Blavatsky, ela teve várias doença, todas de uma vez. Mas nenhuma dessas doenças físicas impediram ela de fazer seu trabalho como uma grande, elevada discípula, trabalhando com os Mestres, e dando um corpo inestimável de informação ao mundo. Semelhantemente com Alice Bailey. Essas doenças não eram o resultado da utilização errada da energia da alma. Ao contrário, ninguém poderia ter utilizado sua energia da alma mais corretamente, mais cientificamente, mais em linha com o propósito de suas almas, do que estas duas iniciadas. Elas eram, ambas, indivíduos totalmente imbuídos pela alma. No caso delas, suas doenças eram o pagamento kármico de dívidas que finalmente iriam livrá-las do karma do passado e levá-las à porta da libertação.

Em discípulos menores, doenças são em grande parte, o resultado do seu uso errado ou não uso da energia da alma. Ela "age de forma ruim" neles, e eles se tornam neuróticos. Assim que você faz contato com a alma, você contata forças muito poderosas. Se você não utiliza essas forças em serviço, elas irão danificar seu corpo físico, astral ou mental. Esta é a razão para doença – principalmente psicológica, nervosa e astral – dos discípulos. Com correta, científica meditação, correto uso das energias invocadas em serviço, o corpo físico, a natureza astral e o corpo mental podem levar adiante seus propósitos da forma correta, e a saúde de todos os três é mantida sem qualquer esforço da parte do indivíduo.

O ponto de virada é 1.5, na metade do caminho entre a primeira e segunda iniciações. O principal estresse ocorre entre 1.3 e 1.6. A pessoa se torna consciente dos glamoures, do plano astral. Ela percebe que até agora, quase toda resposta que ela teve foi astral, um glamour e irreal. Este tem sido o caso até a primeira iniciação. Enquanto a pessoa está totalmente imersa nos glamoures, não vendo eles de forma alguma, não há para ela problema, porque as reações são respostas emocionais automáticas, astrais, que são totalmente identificadas e aceitas como a realidade. Mas em cerca de 1.3 a 1.5 ou 1.6, ela começa a reagir cada vez mais ao plano mental, porque a influência da alma está ficando maior.

A luz da alma, brilhando através do corpo mental nos glamoures, começa a mostrar que essas reações são irreais. Até este ponto, a pessoa está bem feliz com seus glamoures, suas ilusões, suas reações irreais para com a vida. Mas quando você vê que suas reações emocionais são irreais, que elas não são "você", isso é doloroso, e faz com que você sofra. O impulso, então, é o de tentar fazer alguma coisa quanto a essas reações, se livrar delas – e isso aumenta o sofrimento, o poder do glamour. Quanto mais esforço nós fazemos para nos livrarmos de um glamour, mais forte ele irá se tornar. Nós precisamos aprender a arte de reconhecer e olhar para os glamoures, e na irrealidade de nossas respostas, sem tentarmos mudá-las. Simplesmente olhando para elas e não dando à elas energia, elas morrerão por falta de nutrição. Este processo está em seu pico entre 1.3 e 1.6. É lógico, a natureza emocional está sendo estimulada a todo momento pela alma, e por isso, este é um momento muito difícil. A Meditação de Transmissão ajuda você a passar por este processo, porque na Meditação de Transmissão você está gradualmente mudando a polarização do plano astral para o mental.

*Você pode explicar como a Meditação de Transmissão ajuda a levar à polarização mental?*
Ela o faz levando-nos à um estado mais alto de tensão espiritual. Neste estado mais elevado, pelo trabalho de Transmissão, nossos chakras são carregados pelas energias espirituais, e nossos corpos físico, astral e mental são estimulados e galvanizados. As impurezas do plano astral são trazidas à superfície e resolvidas, e nós ficamos em um estado mais ou menos contínuo de incomum tensão espiritual. É lógico, isso apenas ocorre se nós a fazemos regularmente e de forma contínua.

Quando os veículos são carregados, a alma pode trabalhar através deles, galvanizando e "controlando" eles, assim aumentado a tensão espiritual. Cada influxo de energia espiritual é uma oportunidade para a alma controlar seu veículos. Quanto mais a alma faz isso, mais o indivíduo se torna mentalmente polarizado, porque é através da luz da alma brilhando através do corpo mental, que o corpo astral é controlado. A mudança para polarização mental ocorre conforme o corpo astral está sendo gradualmente controlado. Quando ele está suficientemente controlado, nós tomamos a segunda iniciação.

O processo de criar e sustentar – sustentar é o importante – uma contínua tensão espiritual na vida, onde a aspiração se torna cada vez menos astral e mais mental (e eventualmente espiritual), permite que a alma realmente trabalhe através de seus veículos. Então, a iniciação ocorre, e a luz da alma, através da mente, ilumina toda a área do glamour astral e da ilusão. Estes são gradualmente dissipados e controlados, até que nós estejamos limpos o suficiente para tomarmos a segunda iniciação.

O processo de polarização mental ocorre em cerca de 1.5, e continua até a metade do caminho entre a segunda e terceira iniciações. Então, a polarização mental não está completa até 2.5. Então começa a polarização espiritual. A tensão espiritual agora é tão completa, que a alma é realmente o foco da consciência.

*Se a média tem sido de seis ou sete vidas entre a primeira e segunda iniciações, uma vez que a Meditação de Transmissão tenha se tornado uma parte comum de nosso estilo de vida, qual você acha que será a média?*
Isto é impossível de dizer, mas obviamente ela irá cair tremendamente. Todo discípulo que acelera sua evolução, contribui para a velocidade da evolução do resto. Isto está sempre relacionado com a intensidade espiritual que nós podemos utilizar. A tensão espiritual gerada no planeta atrai a Hierarquia de volta para o mundo; é por isso que Ela está retornando. Esta forma especializada de Laya Yoga, a Meditação de

Transmissão, foi especialmente formulada para acelerar a velocidade da evolução do discípulo, porque os Mestres estão voltando ao mundo. Eles manejam uma força tremenda. Um Mestre pode galvanizar a atividade de todos ao redor Dele. Quando nós temos 40 Mestres, assim como Maitreya trabalhando abertamente no mundo, e um número muito maior de iniciados de quarto grau (no momento, existem cerca de 450) juntos com mais outros de todos os graus, então nós temos uma intensidade espiritual no mundo que irá tornar possível para as pessoas passarem da primeira iniciação para a segunda em três, duas, talvez uma vida. Eu não sei se isso ocorrerá nesta era, mas certamente o tempo será diminuído.

*Como a formação da alma grupal ajuda na habilidade do grupo em tomar a segunda iniciação, ou em acelerar o processo?*
Pela intensidade de sua atividade, um grupo estabelece uma tensão espiritual que em seu devido curso se manifesta como uma alma grupal. Ele tem uma identidade grupal e soa uma certa nota. No plano físico, é o tom dado pela personalidade do grupo. No nível da alma, é o tom dado através da intensidade do propósito espiritual do grupo, e isso gradualmente cria, através das relações entre as almas compondo o grupo, uma síntese que é a alma grupal. É a síntese do poder da alma deste grupo.

    O grupo pode não ter todo o mesmo raio de alma; mesmo assim, ele forma uma entidade que é chamada de alma grupal. A alma grupal, em relação com o grupo no plano físico, age como o seu próprio grupo ashrâmico. Cada ashram é composto de indivíduos ao redor de um núcleo – um Mestre – Que atrai à Si vários discípulos que Ele acha serem capazes de permiti-lo perto Dele (você precisa ser mantido na periferia por um certo tempo, de forma que você não perturbe o trabalho do grupo). Quando você pode atingir e manter uma certa vibração, você pode ser levado mais próximo ao grupo e mais próximo ao Mestre, até que você possa trabalhar de forma bem próxima com, e ser realmente útil à Ele. Mas a coisa mais importante para o discípulo saber, conscientemente, é que ele é um membro de uma alma grupal e pode usar a energia do grupo.

Quando almas grupais são criadas através do trabalho de Transmissão, elas não estão formando novos ashrams, mas são como pequeninos sub-ashrams. De, talvez, ashrams diferentes, almas unidas formam outra entidade. Isso está relacionado através das almas dos indivíduos aos vários ashrams, e pode funcionar com vários dos raios. O objetivo hoje da Hierarquia, é o de permitir que grupos utilizem todos os raios, se possível, mas certamente raios que não estejam em sua própria linha. Então, há uma inter-relação sendo formada entre os vários ashrams. Quando uma alma grupal é formada através da Meditação de Transmissão, você tem uma entidade que pode ser usada pelo grupo para sustentá-lo. Você pode retirar energia dela, assim como você pode retirar energia do seu próprio grupo ashramico.

A Transmissão está realmente ocorrendo no plano da alma. A Hierarquia está criando uma grande rede de luz através do planeta. Pessoas que meditam, de todos os tipos, estão ligadas nisso, mas os grupos de Transmissão, em particular, estão todos ligados no plano da alma.

Maitreya, através do processo de ofuscamento sobre mim, está construindo uma rede através da qual Ele pode potencializar todos os grupos de Transmissão. Eventualmente, assim que a segunda iniciação tiver sido tomada por um grande grupo de pessoas nos grupos, Ele será capaz de estimular diretamente, por estas linha de luz, todas as pessoas nestes grupos de Transmissão.

Ele não precisará agir através de mim então, mas será capaz de fazê-lo diretamente.

*(1) Se uma área tem grupos que são muito pequenos em número, seria vantajoso fazer um esforço para ligá-los todos em um grupo maior quando eles transmitem? (2) É importante que eles transmitam ao mesmo tempo?*
Sim, isso seria uma coisa bem útil de se fazer, e isso leva apenas um pequeno momento no tempo. Eles se ligam mentalmente por pouco tempo, e então está feto. (2) Não faz muita diferença, porque não há tempo neste nível.

*Há um número mínimo de pessoas necessário para um grupo de Meditação de Transmissão formar uma alma grupal?*
Três é um grupo de Transmissão. Em termos da alma, sete seria o desabrochar da alma. Sete pessoas certamente seriam capazes, pela intensidade de suas próprias interações, de formar uma alma grupal. Sua estrutura de raios seria a síntese dos vários membros do grupo, não apenas a soma deles, mas uma síntese. A alma grupal irá evoluir a partir da intensidade de seus trabalhos. O trabalho precisa ser intenso; de outra forma, isso não ocorre.

*Você sabe se uma Transmissão irá durar muito tempo?*
Uma das primeiras regras do discipulado é esquecer do tempo. Isso é absolutamente essencial. Você deve jogar fora o seu relógio. Normalmente, eu nunca olho para o meu relógio durante a Transmissão. Você simplesmente continua, até que ela termine sozinha. Ou você está trabalhando com a Hierarquia, ou você não está trabalhando com a Hierarquia. As pessoas precisam perceber que esses Homens – os Mestres – são sérios. Nós não somos realmente sérios. Eu descobri que muitas pessoas que adoram se chamar de discípulos,

são bem irrefletidas, de forma que, se elas estão fazendo uma hora de Transmissão, elas acham que isso é algo tremendo. Elas dizem: "Nós estamos em um grupo de Transmissão, nós transmitimos por uma hora, então nós tomamos chá, comemos bolo e conversamos." Isso não é sério.

Se você deseja fazer a Meditação de Transmissão de forma séria, você deve estar preparado para continuar até quando as energias fluírem, que pode ser por uma hora, mas provavelmente próximo de três, ou até mesmo quatro ou cinco horas. Você precisa estar preparado para cooperar com a Hierarquia, e não apenas em encaixar isso em sua vida ocupada, preguiçosa ou pessoal. Você precisa encaixar sua vida preguiçosa nas necessidades da Hierarquia, se você deseja ser um discípulo. Ser um discípulo significa ser disciplinado.

Crie um ritmo de trabalho e sustente o ritmo. Então, você poderá realmente trabalhar de uma forma disciplinada. Em termos de tempo, não é dizer: "Todo dia eu vou fazer isso." Então você olha para o seu relógio: "Oh, eu ainda não fiz," ou "Agora eu fiz." Isto não é disciplina. Disciplina significa estar preparado para estar no lugar certo, no momento certo. Isso é serviço também. Disciplina e serviço são a mesma coisa.

*Por que a promessa de tomar a segunda iniciação foi dada à nós? Isto não terá um efeito adverso, criando um sentimento elitista ou arrogância entre algumas pessoas?*
Certamente há este perigo, mas eu assumo que nós estamos lidando com pessoas com um certo sentido de proporção, uma certa objetividade, de outra forma elas não estariam envolvidas em serviço.

A razão pela qual esta informação foi dada, foi a de iluminar os grupos, em elevar suas esperanças e aspiração, e em focar seus trabalhos. O propósito foi o de dar um compreensão mais próxima quanto ao trabalho da Hierarquia. Seus planos de longo prazo, a forma na qual Ela trabalha, e em encorajar aqueles que podem se encontrar ao redor de 1.5. Saber que nesta encarnação, eles provavelmente estarão diante do Cristo e tomarão a segunda iniciação é uma idéia tremendamente galvanizadora. Nem todas – algumas pessoas não irão fazer nada com isso – mas a maioria das pessoas, sabendo disso, que estão interessadas na Meditação de Transmissão, devem achar isso galvanizador, iluminador e encorajador. Este foi o propósito: informar, encorajar e estimular.

*E quanto às pessoas que gastam talvez apenas uma hora por semana na Meditação de Transmissão? A polarização mental e a segunda iniciação são possíveis para elas também?*
Eu estou me encaminhando para aqueles que estão fazendo a Transmissão de forma séria, e que já estão em cerca de 1.5. Uma hora por semana não é um ritmo muito intenso; mais do que isso, eu acredito, é necessário.

*Por que não existem mais iniciados de segundo ou terceiro grau envolvidos nos grupos de Transmissão?*
Inevitavelmente, já que não há glamour envolvido (embora eu tenho certeza que as pessoas possam criar glamour do nada), ela atrai apenas aqueles que já tomaram, pelo menos, a primeira, e talvez a segunda iniciação. Isto não quer dizer que não há glamour nos grupos envolvidos na Meditação de Transmissão. Há muito glamour em todos os grupos envolvidos. Mas o fato de que as pessoas estão em grupos de Transmissão significa que ao todo, elas não estão procurando os glamoures normais do grupo regular oculto ou da Nova Era. Elas são pessoas que estão bem genuinamente envolvidas em serviço, de outra forma, elas não a fariam. Mas o motivo pode ser misto. Certamente

haverá um grau de ambição espiritual nos indivíduos. Se eles olharem para si mesmos, eles descobrirão que, pelo menos em parte, o motivo deles é o auto-desenvolvimento. Mas se eu tornasse a liberdade total de qualquer aspecto do glamour um pré-requisito para participar de um grupo de Transmissão, não existiria nenhum grupo de Transmissão no mundo.

Por que não existem mais iniciados de segundo ou terceiro grau nos grupos de Meditação de Transmissão? As pessoas que alcançaram a segunda ou terceira iniciação, provavelmente estarão fazendo um trabalho que não necessariamente envolve a Meditação de Transmissão. Mesmo assim, estejam elas em um grupo formal de Transmissão ou não, qualquer pessoa neste nível estará transmitindo energia de uma forma muito potente e cheia de propósito, porque esta é a natureza da realidade; nós vivemos em um universo energético. Mas iniciados de segundo ou terceiro graus podem estar trabalhando no campo político, econômico, científico ou educacional. Este trabalho mais esotérico de Transmissão é apenas um dos muitos campos de atividade.

Mao Tse Tung e Wisnton Churchill eram iniciados de terceiro grau, nunca ouviram falar na Meditação de Transmissão, não sabiam o que ela era, e provavelmente não estariam interessados nela. Mesmo assim, eles eram os transmissores de suas particulares energias de alma. No caso de Winston Churchill, sua alma do 2º raio estava por trás de suas ações. Com Mao Tse Tung, sua alma do 1º raio estava por trás das suas. (Sua estrutura de raios era 1-1-1-2-1). Eu tenho certeza que se você tivesse dito para Mao Tse Tung ou Winston Churchill que eles eram iniciados de terceiro grau, eles teriam dito: "O que é isso?". Eles não estavam nem um pouco interessados em esoterismo.

*Um grupo com pessoas em pontos de evolução ligeiramente diferentes tomam iniciação no mesmo momento – os pouco mais avançados tendo que esperar por aqueles mais lentos alcançarem eles, de forma que todos passam pela porta da iniciação juntos no mesmo dia?*

A porta, é lógico, é simbólica. O limiar da iniciação é um estado de ser. Não é realmente uma porta na qual você fica do lado de fora esperando pelos seus amigos chegarem e diz: "Oi, eu vejo que vocês chegaram aqui", e por aí vai. Não há tempo fora do corpo físico, e as iniciações ocorrem fora do corpo físico. Neste tempo vindouro, elas também ocorrerão no plano físico, e então pode ser que você encontrará seus colegas estando na porta diante de você.

As pessoas passam por ela quando elas estão prontas. Isto depende de suas prontidões, em termos ocultos, para iniciação. Ela ocorre quando o Cristo, e acima de tudo, Sanat Kumara, o Senhor do Mundo, determinam que elas estão absolutamente prontas para a iniciação. O Senhor do Mundo precisa ser consultado e se Ele diz: "Não, ainda não," elas voltam. Não há tentativa e erro nisso. Você precisa estar pronto; de outra forma, você estaria morto. Eles são especialistas. Eles sabem se seus chakras irão suportar o impacto da energia do Cetro, dirigida pelo Cristo, através de Seus próprios chakras, e então através daqueles de dois Mestres. O iniciado fica no centro deste triângulo, e a energia circula e é então focada por Eles através do iniciado, onde ela cria um grande fogo, resultando em uma tremenda elevação de sua vibração. Mas, ao mesmo tempo, ele já alcançou este ponto que tornou isso possível. No entanto, ela leva ele além disso. Então a resposta para a pergunta é não.

Quando você está pronto e quando as influências astrológicas estiverem corretas, você pode tomar a iniciação. Se você está pronto e elas não estão, então você não pode; você precisa esperar até que as influências astrológicas estejam corretas antes que você possa tomá-la. Você pode estar pronto e outra pessoa não estar, mas quando ela estiver pronta, ela pode ter a sorte o suficiente de ter suas influências astrológicas corretas, e ela pode tomá-la antes de você, que estava pronto antes dela. É muito complexo. É iniciação grupal, mesmo hoje, embora você a tome individualmente. Grupos são iniciados mesmo que eles não conheçam uns aos outros. Eles apenas vêem isso como algo individual, mas do ponto de vista da Hierarquia, é uma iniciação grupal. A diferença no tempo vindouro, é a de que os grupos irão realmente tomá-la no plano físico. O Cristo irá de país a país iniciando, em formação grupal, grupos que se prepararam em várias formas de trabalho – Meditação de Transmissão não é a única – para esta grande realização.

*Embora existam muitos grupos de Transmissão, nós não estamos todos juntos em um Grupo de Transmissão como um todo?*
Sim, isso é verdade. Aqueles que trabalham comigo, e existem muitas pessoas em muitos países, formam, do ponto de vista dos Mestres, um grupo, porque eles estão engajados na mesma atividade e estão utilizando esta particular tentativa ou experimento da Hierarquia. Meu Mestre Se tornou responsável por fazer isso. Através de mim, Ele está estimulando grupos ao redor do mundo – e é lógico, Maitreya ainda mais – que, juntos, formam um grupo interno que pode trabalhar de forma direta e de perto com Maitreya neste tempo vindouro. Este grupo, quaisquer que sejam as pessoas que o compõem, forma uma vanguarda para Maitreya: preparando o caminho para Ele; fazendo Seu trabalho no mundo; e sendo expoente de Sua energia, através da qual Ele pode mudar o Mundo. "Eu estou com vocês e em vocês. Eu

procuro expressar aquilo que Eu sou através de vocês. Para isso Eu vim."

# A GRANDE INVOCAÇÃO

Do ponto de Luz na Mente de Deus
Flua luz às mentes dos homens.
Que a Luz desça à Terra

Do ponto de Amor no Coração de Deus
Flua amor aos corações dos homens
Que o Cristo retorne à Terra

Do centro onde a Vontade de Deus é conhecida
Guie o propósito as pequenas vontades dos homens –
O Propósito que os Mestres conhecem e servem

Do centro que chamamos raça dos homens
Cumpra-se o Plano de Amor e Luz
E mure-se a porta onde mora o mal.

Que a Luz, o Amor e o Poder
Restabeleçam o Plano na Terra

A Grande Invocação, usada pelo Cristo pela primeira vez em Junho de 1945, foi liberada por Ele para a humanidade, afim de nos permitir invocar as energias que mudariam o nosso mundo e tornar possível o retorno do Cristo e da Hierarquia. Esta não é a forma utilizada pelo Cristo. Ele usa uma fórmula antiga, com sete frases místicas de tamanho, em uma antiga língua sacerdotal. Ela foi traduzida (pela Hierarquia) em termos que nós podemos usar e entender, e, traduzida para muitas línguas, ela é usada diariamente em cada país do mundo.

# A ORAÇÃO PARA A NOVA ERA

Eu sou o Criador do Universo.
Eu sou o Pai e a Mãe do Universo
Tudo vem de Mim.
Tudo retornará à Mim.
Mente, Espírito e Corpo são Meus templos.
Para a Alma perceber neles
Meu Ser Supremo e Transformação.

A Oração para a Nova Era, dada por Maitreya, o Instrutor do Mundo, é um grande mantra ou afirmação com um efeito invocativo. Ela será uma ferramenta poderosa para reconhecermos que o homem e Deus são Um, que não há separação. O "Eu" é o Princípio Divino por trás de toda a criação. A Alma emana do, e é idêntica ao, Princípio Divino.

A maneira mais eficiente de usar este mantra é a de dizer ou pensar nas palavras com a vontade focada, mantendo a atenção no centro ajna entre as sobrancelhas. Quando a mente entende o significado dos conceitos, e simultaneamente a vontade é trazida à frente, estes conceitos serão ativados e o mantra funcionará. Se ela for dita de forma séria todos os dias, crescerá dentro de você uma percepção do seu verdadeiro Ser.
(Primeiro publicado na *Share International*, Setembro 1988.)

# LIVROS POR BENJAMIN CREME

**A Missão de Maitreya, Volume Um**
O primeiro de uma trilogia de livros que descrevem a emergência e ensinamentos de Maitreya, o Instrutor do Mundo. Conforme a consciência humana constantemente amadurece, muitos dos antigos "mistérios" estão sendo agora revelados. Este volume pode ser visto como um guia para a humanidade, conforme ela viaja pela jornada evolucionária. Os assuntos do livro são vastos: dos novos ensinamentos do Cristo à meditação e karma; da vida após a morte, e reencarnação, a cura e transformação social; da iniciação e o papel do serviço aos Sete Raios; de Leonardo da Vinci e Mozart à Sathya Sai Baba. Ele prepara a cena e o caminho para o trabalho de Maitreya, como Instrutor do Mundo, e a criação de uma nova e melhor vida para todos. Ele é uma poderosa mensagem de esperança.

*English: "Maitreya's Mission, Volume I", 1ª edição, 1986. 3ª edição 1993, reimpresso em 2003. ISBN 90-71484-08-4, 373 pp.*

*Portuguese: "A Missão de Maitreya, Volume Um", 1ª edição, 2017. ISBN 978-94-91732-05-8, 418 pp.*

**Unidade na Diversidade: O Caminho Adiante Para A Humanidade**
Nós precisamos de uma nova, esperançosa visão do futuro. Este livro apresenta tal visão: um futuro que engloba um mundo em paz, harmonia e unidade, enquanto que cada qualidade e abordagem individual é bem-vinda e necessária. Ele é visionário, mas expresso com uma lógica convincente.

*Unidade na Diversidade: O Caminho Adiante para a Humanidade* diz respeito ao futuro de cada homem, mulher e criança. Ele é sobre o futuro da própria Terra.

A humanidade, diz Creme, está em uma encruzilhada e tem uma grande decisão a tomar: seguir em frente e criar uma brilhante nova civilização na qual todos são livres e a justiça social reina, ou continuar como nós estamos, divididos e competindo, e vermos o fim da vida no planeta Terra.

Creme escreve em nome da Hierarquia Espiritual na Terra, cujo Plano para o aperfeiçoamento da humanidade, ele apresenta. Ele nossa essencial unidade, sem o sacrifício de nossa igualmente essencial diversidade.

Benjamin Creme, artista e autor, esteve dando palestras ao redor do mundo por quase 40 anos sobre a emergência ao mundo cotidiano de Maitreya, o Instrutor do Mundo, e Seu grupo, os Mestres da Sabedoria. Os livros de Creme, dezesseis presentemente, foram traduzidos para várias línguas, transformando as vidas de milhões.mostra que o caminho adiante para todos nós é a percepção de

*English: "Unity in Diversity: The Way Ahead for Humanity", 1ª edição 2006. "ISBN 978-90-71484-98-8, 167 pp.*

*Portuguese: "Unidade na Diversidade: O Caminho Adiante Para A Humanidade", 1ª edição 2017. ISBN 978-94-91732-10-2, 188 pp.*

**Os ensinamentos da sabedoria eterna**
"Sempre foi a política da Hierarquia Espiritual a de manter a humanidade informada sobre, e em contato com, todos os aspectos do conhecimento esotérico que podem ser seguramente divulgados e tornados exotéricos.

Por longos séculos isto tem sido possível, mas em um grau limitado. No último século, no entanto, mais informação foi dada, e mais conhecimento foi liberado, do que em qualquer outro momento da histórica da raça. Que isto é assim reflete a crescente compreensão do homem das leis internas mais sutis governando a aparência externa das coisas e eventos, e, ao mesmo tempo, sua sentida necessidade de exercer um papel totalmente consciente em sua própria evolução e desenvolvimento.

Estando, como estamos, no limiar de uma nova era, nós podemos esperar com confiança para uma liberação sem precedentes de ensinamentos anteriormente guardados que, quando absorvidos e compreendidos, lançarão uma luz maior nos mistérios do universo e da natureza do Ser do homem..." (pelo Mestre —, através de Benjamin Creme)

Este livro apresenta uma introdução a este grande corpo de sabedoria que está por detrás dos ensinamentos espirituais de todos os grupos, através das eras. Apenas descobrindo a fonte comum da qual todas as fés emergiram, os homens e mulheres verdadeiramente compreenderão sua fraternidade espiritual, como crianças do Único Pai—seja lá por qual nome eles O chamem.

*English: "The Ageless Wisdom Teaching", 1ª edição 1996. "ISBN 90-71484-13-0, 167 pp.*

*Portuguese: "Os ensinamentos da sabedoria eternal", 1ª edição 2017. ISBN 978-94-91732-07-2, 86 pp.*

**O despertar da humanidade**
O Despertar da Humanidade é um volume associado ao O Instrutor do Mundo para Toda a Humanidade, de Benjamin Creme, publicado em 2007, que enfatiza a natureza de Maitreya como o Instrutor do Mundo, a Encarnação do Amor e da Sabedoria.

O Despertar da Humanidade foca no dia quando Maitreya Se declarará abertamente como o Instrutor do Mundo para a era de Aquário. Ele descreve o processo de emergência de Maitreya, os passos levando ao Dia da Declaração, e a resposta da humanidade a esta grandiosa experiência.

Quanto ao Dia da Declaração, o Mestre de Benjamin Creme diz: "Nunca antes os homens terão ouvido o chamado de sua divindade, o desafio de suas presenças aqui na Terra. Cada um, individualmente, e solenemente sozinho, saberá por este período de tempo, o proposito e significado de suas vidas, experienciarão novamente a graça da infância, a pureza da aspiração purificada do ser. Por estes preciosos minutos, os homens saberão novamente a alegria da total participação nas realidades da Vida, se sentirão conectados um ao outro, como a memória de um passado distante."

Este livro profético dá ao leitor esperança e expectativa para os alegres e transformadores eventos que estão a caminho.

*English: "The Awakening of Humanity", 1ª edição 2008. "ISBN 13: 978-90-71484-41-4, 167 pp.*

*Portuguese: "O despertar da humanidade", 1ª edição 2017. ISBN 978-94-91732-09-6, 158 pp.*

**O instrutor do mundo para toda a humanidade**
Maitreya, o Instrutor do Mundo, está pronto para emergir publicamente. Este livro apresenta uma visão geral deste grandioso evento: o retorno ao mundo cotidiano de Maitreya em Julho de 1977, e a gradual emergência do Seu grupo, os Mestres da Sabedoria; as enormes mudanças que a presença de Maitreya trouxe; e Seus planos, prioridades e recomendações para o futuro

imediato. Maitreya é mostrado tanto como um Grande Avatar Espiritual e, ao mesmo tempo, um amigo e irmão da humanidade. O conselho de Maitreya levará a humanidade a uma simples escolha. Ou continuar em nosso presente destrutivo modo de vida e perecer, ou aceitar de bom grado Seu conselho para inaugurar um sistema de partilha, garantindo a justiça, paz e a criação de uma civilização baseada na divindade interna de todos.

*English: "The World Teacher For All Humanity", 1ª edição 2008. "ISBN 978-90-71484-39-1, 167 pp.*

*Portuguese: "O instrutor do mundo para toda a humanidade", 1ª edição 2017. ISBN 978-94-91732-08-9, 146 pp.*

**Transmissco: uma meditago para a nova era**
A Meditação de Transmissão é uma forma de meditação grupal para o propósito de "levar abaixo" (transformar) energias espirituais que assim se tornam acessíveis e úteis ao público geral. É a criação, em cooperação com a Hierarquia dos Mestres, de um vórtice ou reservatório de elevada energia para o benefício da humanidade.

Introduzida em 1974 por Benjamin Creme sobre a direção de seu Mestre, esta forma de serviço, que é simples de se fazer, é ao mesmo tempo uma maneira poderosa de crescimento pessoal. A meditação é a combinação de duas yogas: Karma Yoga (yoga do serviço) e Laya Yoga (yoga da energia ou centros). Ela é um serviço no qual nós podemos estar envolvidos pelo resto de nossas vidas sabendo que estamos ajudando na evolução da humanidade para, e além, da Nova Era. Existem centenas de grupos de Meditação de Transmissão ativos em muitos países ao redor do mundo.

Neste prático e inspirador livro, Benjamin Creme descreve os objetivos, técnica e resultados da Meditação de Transmissão, assim como propósito por trás da meditação para o desenvolvimento do discípulo.

*English: "Transmission: A Meditation for the New", 1ª edição 1983. 4ª edição 1998. ISBN 90-71484-17-3, 204 pp.*

*Portuguese: "Transmissco: uma meditago para a nova era", 1ª edição 2017. ISBN 978-94-91732-06-5, 262m pp.*

**The Reappearance of the Christ and the Masters of Wisdom**
Em seu primeiro livro, Benjamin Creme dá o plano de fundo e informação pertinente ao que diz respeito a emergência de Maitreya (o Cristo), como o Instrutor do Mundo, para a Nova Era agora nascendo. Esperado sobre diferentes nomes por todos os grupos religiosos, Maitreya vem para nos ajudar a criar cooperação entre as muitas facções ideológicas, galvanizar a boa vontade e partilha do mundo, e inspirar profundas reformas políticas, sociais, econômicas e ambientais. Benjamin Creme coloca o mais profundo evento dos últimos 2.000 anos em seu correto contexto esotérico, e descreve que efeito a presença do Instrutor do Mundo terá tanto nas instituições do mundo e na pessoa comum. Através de seu contato telepático com um Mestre da Sabedoria, Creme oferece revelações sobre tais assuntos como a alma e reencarnação; medo da morte; telepatia; meditação; energia nuclear; antigas civilizações; ÓVNIs; problemas do mundo em desenvolvimento; uma nova ordem econômica; o Anticristo; e o "julgamento final".

*English: 1ª edição 1979, ISBN 0-936604-00-X, 254 pp.*

**Messages from Maitreya the Christ**
Durante anos de preparação para Sua emergência, Maitreya deu 140 Mensagens através de Benjamin Creme durante palestras públicas em Londres de 1977 a 1982. O método usado foi ofuscamento mental e um contato telepático conseqüentemente desenvolvido.

As mensagens de Maitreya sobre partilha, cooperação e unidade inspiram leitores a espalharem as notícias do Seu reaparecimento e em trabalhar urgentemente para o resgate de milhões sofrendo de pobreza e fome em um mundo de plenitude. Na Mensagem Nº 11, Maitreya diz: "Meu Plano é o de mostrar à vocês que o caminho para fora de seus problemas é escutar novamente a verdadeira voz de Deus dentro de seus corações, partilhar os produtos deste mundo dos mais caridosos entre seus irmãos e irmãs em todos os lugares..." (5 de Janeiro de 1978)

As palavras de Maitreya são uma fonte única de sabedoria, esperança e socorro neste tempo crítico de mudança mundial, e quando lidas em voz alta, estas profundas, e mesmo assim simples Mensagens, invocam Sua energia e benção.

*English: 1ª edição Vol I 1981, Vol II 1986, 2ª edição combinada 1992, reimpresso em 2001. ISBN 90-71484-22-X, 286 pp*

**A Master Speaks**
A humanidade é guiada por trás das cenas por um altamente evoluído e iluminado grupo de homens Que nos precederam sobre o caminho da evolução. Estes Mestres da Sabedoria, como Eles são chamados, dificilmente aparecem abertamente, mas normalmente trabalham através de Seus discípulos – homens e mulheres que influenciam a sociedade através de seus

trabalhos na ciência, educação, arte, religião, política, e em cada departamento da vida.

O artista Britânico Benjamin Creme, é um discípulo de um Mestre com o Qual ele está em contato telepático próximo. Desde o lançamento da *Share International*, a revista da qual Benjamin Creme é editor, seu Mestre contribuiu com cada edição com um artigo inspirador sobre uma ampla gama de assuntos: razão e intuição; a nova civilização; saúde e cura; a arte de viver; a necessidade por síntese; justiça é divina; o Filho do Homem; direitos humanos; a lei do renascimento; o fim da fome; partilha para a paz; a ascensão do poder das pessoas; o futuro mais brilhante; cooperação – e muito mais.

O principal propósito destes artigos é o de atrair a atenção às necessidades do presente e imediato tempo futuro, e dar informação sobre os ensinamentos de Maitreya, o Mestre de todos os Mestres. A terceira edição contem todos os 223 artigos dos primeiros 22 volumes da *Share International*.

*English: 1ª edição 1985. 3ª edição expandida 2004. ISBN 90-71484-29-7, 452 pp.*

**Maitreya's Mission, Volume Two**
Este inspirador e acolhedor livro oferece nova esperança e orientação à um mundo em sofrimento no limiar de uma Era Dourada. Ele apresenta os ensinamentos de Maitreya, o Instrutor do Mundo, tanto no nível exterior, prático, e nos níveis internos, espirituais; Suas unicamente precisas previsões de eventos mundiais, que surpreenderam a mídia internacional; e Suas milagrosas aparições que trouxeram esperança e inspiração para muitos milhares. Ele também contém uma série de entrevistas únicas com o Mestre de Benjamin Creme, que lança nova e reveladora luz sobre alguns dos maiores problemas que a humanidade encara.

Este livro cobre uma enorme gama de assuntos: os ensinamentos de Maitreya; o crescimento da consciência; novas formas de governo; comercialização e forças de mercado; o princípio da partilha; vida na Nova Era; escolas sem muros; a Tecnologia da Luz; círculos nas plantações; o Ser; telepatia; doença e morte; energia e pensamento; Meditação de Transmissão; o propósito da alma. Também inclui transcrições de inspiradoras palestras de Benjamin Creme sobre "A Superação do Medo" e "O Chamado do Serviço."

*English: 1ª edição 1993, reimpresso em 2004. ISBN 90-71484-11-4, 753 pp.*

## Os Ensinamentos da Sabedoria Eterna

Uma visão geral do legado espiritual da humanidade, esta brochura serve como uma introdução concisa e fácil de se entender aos Ensinamentos da Sabedoria Eterna. Ela explica os preceitos básicos do esoterismo, incluindo: fonte de Ensinamento; a emergência do Instrutor do Mundo; renascimento e reencarnação; a Lei de Causa e Efeito; o Plano de evolução; origem do homem; meditação e serviço; mudanças futuras. Também inclui um glossário esotérico e uma lista de leitura recomendada.

*English: 1ª edição 1996, reimpresso em 2006. ISBN 978-90-71484-13-1, 76 pp.*

## Maitreya's Mission, Volume Three

Benjamin Creme apresenta uma incentivadora visão do futuro. Com Maitreya, o Instrutor do Mundo, e Seus discípulos, os Mestres da Sabedoria abertamente oferecendo Suas orientações, a humanidade criará uma civilização digna de seu potencial divino. Paz será estabelecida; partilha dos recursos do mundo a norma; manter o nosso meio ambiente uma prioridade. A nova educação irá ensinar o fato da alma e a evolução da consciência. As cidades do mundo serão transformadas em centros de grande beleza.

Este livro oferece sabedoria inestimável sobre uma ampla gama de tópicos. Ele inclui as prioridades de Maitreya para o futuro, e entrevistas com um Mestre da Sabedoria sobre "O Desafio do Século 21". Ele explora o karma e a reencarnação, a origem da humanidade, meditação e serviço, o Plano de evolução, e outros conceitos fundamentais dos Ensinamentos da Sabedoria Eterna. Ele inclui um olhar fascinante de um ponto de vista esotérico, da perspectiva espiritual, de dez artistas famosos – entre eles, da Vinci, Michelangelo e Rembrandt – por Benjamin Creme, ele mesmo um artista.

Como os dois primeiros volumes de *Maitreya's Mission*, este trabalho combina profundas verdades espirituais com soluções práticas aos problemas mais incômodos de hoje. Ele é na verdade uma mensagem de esperança para a humanidade, pronta para "começar a criação de uma civilização como o mundo nunca viu antes."

*English: 1ª edição 1997. ISBN 90-71484-15-7, 704 pp.*

**The Great Approach: New Light and Life for Humanity**
Este livro profético se encaminha aos problemas de nosso mundo caótico e a sua gradual mudança sobre a influência de um grupo de homens perfeitos, os Mestres da Sabedoria, Que, com Seu líder Maitreya, o Instrutor do Mundo, estão retornando abertamente ao mundo pela primeira vez em 98.000 anos.

O livro cobre tópicos como: partilha, os EUA em um dilema; conflitos étnicos; crime e violência; meio ambiente e poluição; engenharia genética; ciência e religião; a natureza da luz; saúde e cura; educação;

milagres; a alma e encarnação. Uma síntese extraordinária de conhecimento, ele lança um farol sobre o futuro; com visão clara ele prevê nossas mais elevadas realizações do pensamento, afim de revelar as incríveis descobertas científicas que estão adiante. Ele nos mostra um mundo no qual a guerra é uma coisa do passado, e as necessidades de todos são satisfeitas.

*English: 1ª edição 2001. ISBN 90-71484-23-8, 320 pp.*

**The Art of Co-operation**
*The Art of Co-operation* lida com os problemas mais urgentes de nosso tempo, e suas soluções, do ponto de vista dos Ensinamentos da Sabedoria Eterna que, por milênios, revelaram as forças subjacentes ao mundo exterior. Benjamin Creme traz estes ensinamentos à atualidade, preparando o caminho para a eminente emergência de Maitreya, o Instrutor do Mundo, e Seu grupo de Mestres da Sabedoria.

Este volume olha para um mundo preso em antiga competição, tentando resolver seus problemas por métodos antigos e ultrapassados, enquanto que a resposta – cooperação – está em nossas mãos. Ele mostra o caminho para um mundo de justiça, liberdade e paz através de uma crescente apreciação da unidade subjacente à toda vida. Maitreya irá nos inspirar à esta crescente percepção.

Tópicos incluem: a necessidade por cooperação; os EUA e a competição; organismo contra organização; oportunidade para serviço; medo da perda; karma; amor; coragem e desapego; superação do glamour; como os Mestres ensinam; unidade na diversidade; consenso; confiança.

*English: 1ª edição 2002. ISBN 90-71484-26-2, 235 pp.*

## Maitreya's Teachings: The Laws of Life

Nós não temos nem fragmentos dos ensinamentos dos anteriores Instrutores do Mundo dados anteriormente a um certo conhecimento de Suas existências. Nós não temos os ensinamentos de um Cristo, ou um Buda, ou um Krisnha, com exceção daqueles vistos através dos olhos de seguidores posteriores. Pela primeira vez é nos dado o sabor dos ensinamentos e revelações de um Ser de incomensurável estatura, afim de nos permitir compreender o caminho da evolução se desenrolando a nossa frente que Ele veio delinear para nós. A impressão deixada em mente pelo Instrutor é a de que a amplitude, a profundidade de Seu conhecimento e consciência não têm limites; que Ele é tolerante e sábio além da imaginação, e de uma humildade impressionante.

Poucos poderiam ler estas páginas sem se transformarem. Para alguns, as revelações extraordinárias sobre os eventos mundiais serão de maior interesse, enquanto que para outros, a revelação dos segredos da auto-realização, a simples descrição da verdade experienciada, será uma revelação. Para qualquer um procurando entender as Leis da Vida, estas revelações sutis e férteis irão levá-los rapidamente ao núcleo da própria Vida, e oferecer à eles um caminho simples levando ao alto da montanha. A unidade essencial de toda a vida é descoberta de uma maneira clara e cheia de sentido. Nunca, pareceria, as Leis pelas quais nós vivemos pareceram tão naturais e tão sem limites.

*English: 1ª edição, 2005. ISBN 900-17484-31-9, 253 pp.*

**The Art of Living: Living Within de Laws of Life**
Inspirado nos escritos de dois Mestres da Sabedoria, o Mestre Djwhal Khul e particularmente o próprio Mestre de Benjamin Creme, a Parte Um deste livro considera a experiência de viver como uma forma de arte, como pintura ou música. Para se alcançar um alto nível de expressão, são necessários tanto conhecimento e uma adesão à certos princípios fundamentais. Na arte da vida, é através da compreensão da grande Lei de Causa e Efeito, e da relacionada Lei do Renascimento, que nós alcançamos a calma, a inofensividade que leva à felicidade pessoal, corretas relações humanas e o correto caminho para toda a humanidade em sua jornada evolucionária.

Partes Dois e Três, "Os Pares de Opostos" e "Ilusão", propõem que é a posição única do homem no esquema evolucionário – o ponto de encontro do espírito e da matéria – que produz sua aparente luta sem fim, tanto dentro de si mesmo, como na vida exterior. Os meios pelos quais ele emerge da névoa da ilusão, e une esses dois aspectos de si mesmo em um Todo perfeito, é viver a própria vida com crescente desapego e autoconsciência objetiva.

*English: 1ª edição 2006. ISBN 978-90-71484-37-7, 251 pp.*

~~~~~

Os livros acima foram publicados pela Fundação Share International (Amsterdã, Londres). A maioria deles foram traduzidos e publicados em Holandês, Francês, Alemão, Japonês e Espanhol por grupos respondendo à esta mensagem. Alguns também foram publicados em Chinês, Croata, Finlandês, Grego, Hebraico, Italiano, Português, Romeno, Russo, Esloveno e Sueco. Mais traduções estão planejadas. Livros, assim como fitas de áudio e vídeo, estão disponíveis em livrarias locais.

## SHARE INTERNATIONAL
ISNN 0169-1341

Uma revista única, contendo todo mês: informação atualizada sobre a emergência de Maitreya, o Instrutor do Mundo; um artigo de um Mestre da Sabedoria; expansões dos ensinamentos esotéricos; respostas de Benjamin Creme quanto a uma ampla variedade de tópicos e perguntas esotéricas; artigos por e entrevistas com pessoas na frente de mudanças mundiais progressivas; notícias de agências da ONU e relatórios de desenvolvimentos positivos na transformação de nosso mundo.

A *Share International* une as duas maiores direções do pensamento da Nova Era – a política e a espiritual. Ela mostra a síntese subjacente as mudanças políticas, sociais, econômicas e espirituais agora ocorrendo em uma escala global, e procura estimular ação prática para reconstruir nosso mundo sobre linhas mais justas e compassivas.

A *Share International* cobre notícias, eventos e comentários relacionados às prioridades de Maitreya: um adequado suprimento de alimento correto, casa e abrigo para todos, saúde e educação como direitos universais, e a manutenção do equilíbrio ecológico no mundo. *ISSN 0169-1341*

Versões da *Share International* estão disponíveis em Holandês, Francês, Alemão, Japonês, Romeno, Esloveno e Espanhol. Para informação sobre assinatura, contate o escritório apropriado abaixo.

*Para as Américas do Norte, Central e do Sul,*
*Austrália, Nova Zelândia e as Filipinas*
Share International USA
Caixa Postal 971, North Hollywood, CA 91603, EUA

***Para o Reino Unido***
Share International
Caixa Postal, 3677, Londres, NW5 1RU, Reino Unido

***Para o resto do mundo***
Share International
Caixa Postal, 41877, 1009 DB Amsterdã, Holanda

Extensiva informação e extratos da revista são publicados online em: **www.share-international.org** e **www.share-internationa.org/portuguese**

## SOBRE O AUTOR*

O pintor e esoterista escocês Benjamin Creme esteve por mais de 40 anos preparando o mundo para o mais extraordinário evento na história da humanidade – o retorno de nossos mentores espirituais ao mundo cotidiano.

Benjamin Creme apareceu na televisão, rádio e filmes de documentários ao redor do mundo, e deu palestras na Europa Ocidental e Oriental, os EUA, Japão, Austrália, Nova Zelândia, Canadá, e México.

Treinado e supervisionado por muitos anos pelo seu próprio Mestre, ele começou seu trabalho público em 1974. Em 1982, ele anunciou que o Senhor Maitreya, o há muito aguardado Instrutor do Mundo, estava vivendo em Londres, pronto para Se apresentar abertamente quando convidado pela mídia mundial a fazê-lo. Este evento é agora eminente.

Benjamin Creme continuou a levar adiante sua tarefa como mensageiro desta notícia inspiradora. Seus livros, dezesseis no presente, foram traduzidos para muitas línguas. Ele também foi o editor da revista Share International, que circula em mais de 70 países. Ele nunca aceitou dinheiro por este tipo de trabalho.

Benjamin Creme viveu em Londres, foi casado, e teve três filhos, tendo falecido em 24 de Outubro de 2016.

www.ingramcontent.com/pod-product-compliance
Lightning Source LLC
Chambersburg PA
CBHW061635040426
42446CB00010B/1427